Konrad Paul Liessmann
Theorie der Unbildung

Zu diesem Buch

Wer wird Millionär? Wirklich derjenige, der am meisten weiß? Was weiß die Wissensgesellschaft? Wissen und Bildung sind, so heißt es, die wichtigsten Ressourcen des rohstoffarmen Europa. Debatten um mangelnde Qualität von Schulen und Studienbedingungen – Stichwort Pisa! – haben dennoch heute die Titelseiten erobert. In seinem hochaktuellen Buch entlarvt der Wiener Philosoph Konrad Paul Liessmann vieles, was unter dem Titel Wissensgesellschaft propagiert wird, als rhetorische Geste: Weniger um die Idee von Bildung gehe es dabei als um handfeste politische und ökonomische Interessen. »Ein feuriges Pamphlet gegen die jüngsten Universitätsreformen, die Rankingkultur in der Bildungsdebatte und einen blinden Reformgeist« (Robert Misik im Falter) und eine fundierte Streitschrift für den Wert des Wissens.

Konrad Paul Liessmann, geboren 1953 in Villach, ist Professor am Institut für Philosophie der Universität Wien. Neben zahlreichen Auszeichnungen erhielt er 2004 den Ehrenpreis des österreichischen Buchhandels für Toleranz im Denken und Handeln. Er ist Autor zahlreicher Bücher.

Konrad Paul Liessmann

Theorie der Unbildung

Die Irrtümer der Wissensgesellschaft

Piper München Zürich

Mehr über unsere Autoren und Bücher:
www.piper.de

Ungekürzte Taschenbuchausgabe
Piper Verlag GmbH, München
1. Auflage Dezember 2008
2. Auflage März 2009
© 2006 Paul Zsolnay Verlag, Wien
Umschlag: Büro Hamburg. Anja Grimm, Stefanie Levers
Bildredaktion: Büro Hamburg. Alke Bücking, Charlotte Wippermann
Umschlagabbildung: Strandperle Medien Services, Hamburg (Kreiden) und
Dorling Kindersley/Getty Images (Tafel mit Holzrahmen)
Autorenfoto: Sabine König
Satz: Eva Kaltenbrunner-Dorfinger, Wien
Papier: Munken Print von Arctic Paper Munkedals AB, Schweden
Druck und Bindung: CPI – Clausen & Bosse, Leck
Printed in Germany   ISBN 978-3-492-25220-1

Inhalt

Vorwort 7

1. Wer wird Millionär *oder:*
   Alles, was man wissen muß 13

2. Was weiß die Wissensgesellschaft? 26

3. Bildung, Halbbildung, Unbildung 50

4. PISA: Der Wahn der Rangliste 74

5. Wieviel wiegt Wissen? 88

6. Bologna: Die Leere des
   europäischen Hochschulraumes 104

7. Elitenbildung und Gegenaufklärung 124

8. Unterm Strich: Der Wert des Wissens 143

9. Schluß mit der Bildungsreform 159

Vorwort

WIR leben in einer Wissensgesellschaft. Dieser Satz beflügelt Bildungspolitiker und Pädagogen, Universitätsreformer und EU-Kommissare, er bewegt Forscher, Märkte und Unternehmen. Wissen und Bildung sind, so heißt es, die wichtigsten Ressourcen des rohstoffarmen Europa, und wer in die Bildung investiert, investiert in die Zukunft. Mit nicht geringem Pathos wird das Ende der industriellen Arbeit beschworen und alle Energie auf die »wissensbasierten« Tätigkeiten konzentriert. Aber auch in einem anderen Sinne ist Wissen en vogue.

Die Debatten um Eliteuniversitäten und Studienbedingungen gelangen auf die Titelseiten der Zeitungen und Magazine, die angeblich mangelnde Qualität von Schulen und Universitäten – PISA! – führt zu bildungspolitischen Panikattacken, der Kult und der Kampf um Spitzenforscher und potentielle Nobelpreisträger werden zu nationalen Anliegen stilisiert, in den Medien boomen die Science-Produkte, es werden nicht nur kurze Tagungen zu allen denkbaren Themen, sondern auch lange Nächte der Wissenschaft und Forschung inszeniert, und eines der erfolgreichsten TV-Formate überhaupt ist eine Wissensshow.

Auf den ersten Blick könnte es scheinen, als ob der vermeintliche Traum der Aufklärung vom umfassend gebildeten Menschen in einer rundum informierten Gesellschaft endlich Realität gewinne. Der zweite Blick auf die aktuellen Formationen des Wissens ist allerdings höchst ernüchternd.

Vieles von dem, was unter dem Titel Wissensgesellschaft

propagiert und proklamiert wird, erweist sich bei genauerem Hinsehen als eine rhetorische Geste, die weniger einer Idee von Bildung als handfesten politischen und ökonomischen Interessen geschuldet ist. Weder ist die Wissensgesellschaft ein Novum noch löst sie die Industriegesellschaft ab. Eher noch läßt sich diagnostizieren, daß die zahlreichen Reformen des Bildungswesens auf eine Industrialisierung und Ökonomisierung des Wissens abzielen, womit die Vorstellungen klassischer Bildungstheorien geradezu in ihr Gegenteil verkehrt werden.

Der flexible Mensch, der, lebenslang lernbereit, seine kognitiven Fähigkeiten den sich rasch wandelnden Märkten zur Disposition stellt, ist nicht einmal mehr eine Karikatur des humanistisch Gebildeten, wie ihn Wilhelm von Humboldt in seiner knappen *Theorie der Bildung des Menschen* skizziert hatte, sondern dessen krasses Gegenteil. Bei allem, was Menschen heute wissen müssen und wissen können – und das ist nicht wenig! –, fehlt diesem Wissen jede synthetisierende Kraft. Es bleibt, was es sein soll: Stückwerk – rasch herstellbar, schnell anzueignen und leicht wieder zu vergessen.

Diese Entwicklung ist nicht mit kulturpessimistischem Gestus zu beklagen. Die Idee von Bildung war selbst nie frei von Dünkel, falschen Hoffnungen und ideologischen Ressentiments, aber es wäre ein verhängnisvoller Irrtum zu glauben, daß die Entwicklungen, die durch das Schlagwort von der Wissensgesellschaft indiziert sind, noch irgend etwas mit dieser Idee zu tun hätten. Gemessen an dem, was Bildung – wie fragwürdig auch immer – einmal intendierte, erweisen sich die Konfigurationen des Wissens heute – von den PISA-Tests bis zur Europäischen Studienarchitektur, von den Sensationen der naturwissenschaftlichen Forschung bis zu den Moden der Kulturwissenschaften, vom surfenden Wissensarbeiter bis zum jettenden Wissensmanager –

als Erscheinungsformen der Unbildung. Das heißt nicht, daß nichts gewußt wird. Aber – und dies gehört zu den Paradoxien der Gegenwart: Je mehr der Wert des Wissens beschworen wird, desto schneller verliert das Wissen an Wert.

Als Theodor W. Adorno im Jahre 1959 – einige Jahre vor der ersten deutschen »Bildungskatastrophe« – seine *Theorie der Halbbildung* schrieb, konnte er dies noch unter der soziologischen Prämisse tun, daß die humanistische Bildung, wird sie zum Ziel von Menschen, denen die dafür notwendigen Voraussetzungen – vorab die Muße – nicht gewährt werden, zur Halbbildung herabsinken muß. Was Moment der Persönlichkeit hätte werden sollen, was Ausdruck des geistigen Gehalts von Bildung war, wird zu einem äußerlichen, verdinglichten Informationspartikel, das, oberflächlich angeeignet, kaum noch ausreicht, einen sozialen Anspruch zu dokumentieren. Die modernen Massenmedien, so Adorno damals, unterstützen strukturell diese Form der Halbbildung, die damit universell wird.

Unter den gegenwärtigen Bedingungen radikalisiert sich dieses Konzept und nimmt doch eine andere Wendung. Während Halbbildung noch kritisch auf die Idee von Bildung bezogen werden konnte, verliert diese nun jede Legitimität. Die Partikularisierung, Fragmentierung und gleichzeitige universelle Verfügbarkeit des Wissens läßt sich auf keine verbindliche Bildungsidee mehr beziehen, auch nicht in einem kritischen Sinn. Nicht Halbbildung ist das Problem unserer Epoche, sondern die Abwesenheit jeder normativen Idee von Bildung, an der sich so etwas wie Halbbildung noch ablesen ließe.

Die Idee von Bildung, wie sie als Programm der Selbstformung des Menschen vom Neuhumanismus formuliert und vom Bildungsbürgertum so recht und schlecht gelebt wurde, hat aufgehört, Ziel und Maßstab für die zentralen Momente der Wissensproduktion, der Wissensvermittlung und der Wissensaneignung zu sein. Diese Mechanismen funktionieren nicht nur jenseits einer Idee von Bildung, sondern sie setzen deren Abwesenheit geradezu voraus. Daß niemand mehr zu sagen weiß, worin Bildung oder Allgemeinbildung heute bestünden, stellt keinen subjektiven Mangel dar, sondern ist Resultat eines Denkens, das Bildung auf Ausbildung reduzieren und Wissen zu einer bilanzierbaren Kennzahl des Humankapitals degradieren muß.

Alle Bildungstheorie heute müßte, gemessen an dem, was in der europäischen Tradition seit der Antike unter der Bildbarkeit des Menschen verstanden worden war, und in Fortführung des kritischen Programms Adornos deshalb eine »Theorie der Unbildung« sein. Unbildung meint dabei nicht die schlichte Abwesenheit von Wissen, auch nicht eine bestimmte Form von Unkultiviertheit, sondern den mitunter durchaus intensiven Umgang mit Wissen jenseits jeder Idee von Bildung. Unbildung heute ist weder ein individuelles Versagen noch Resultat einer verfehlten Bildungspolitik: Sie ist unser aller Schicksal, weil sie die notwendige Konsequenz der Kapitalisierung des Geistes ist.

Erstaunlich immerhin, daß sich die Menschen die Erinnerung daran, was mit Bildung einmal gemeint gewesen war, offenbar so einfach nicht austreiben lassen. Die Sehnsucht nach einem gültigen ästhetischen Kanon zeigt so gut wie die Lust an der antiken Mythologie, daß die Menschen sich das, was ihnen die Bildungsreformer aller Schattierungen als Relikt humanistischer Bildungsschwärmerei hatten madig machen wollen, immer wieder zurückholen – wenn es sein muß mit den Mitteln der Wissens- und Mediengesellschaft, aber gegen deren Intentionen. Solche Sehnsüchte, in die sich auch so manche Attitüde mischt, können nicht darüber hinwegtäuschen, daß daraus kein sozial verbindlicher Bildungsbegriff mehr erwachsen kann. Aber Reminiszenzen an das, was Bildung wohl nie war, aber immerhin einmal intendiert hatte, mögen das Ihrige dazu beitragen, um sich einen einigermaßen klaren Blick auf jenen trostlosen Zustand des Geistes zu gestatten, der mit dem Euphemismus »Wissensgesellschaft« nur notdürftig verdeckt wird.

Konrad Paul Liessmann

I.

Wer wird Millionär
oder: Alles, was man wissen muß

DIE in Deutschland von einem Privatsender ausgestrahlte Quizshow *Wer wird Millionär*, die in Österreich unter dem Titel *Millionenshow* vom öffentlich-rechtlichen Fernsehen gesendet wird, gehört seit Jahren zu den beliebtesten und erfolgreichsten Formaten dieser Art. Neben dem Erfolg von Dietrich Schwanitz' Sachbuch-Bestseller *Bildung. Alles, was man wissen muß* und den Harry-Potter-Romanen von Joanne K. Rowling gehören diese Shows für viele Kulturoptimisten zu jenen Indizien, die zeigen, daß die Bildungs- und Leselust der Menschen ungebrochen ist.

Daß sich immer wieder und immer noch Menschen finden, die sich – durch das Studium von Lexika und einschlägigen Handbüchern mehr oder weniger gut vorbereitet – vor einem Millionenpublikum einem Wissenstest stellen, ist in der Tat bemerkenswert. Verantwortlich dafür mag nicht nur die Aussicht auf den Gewinn sein, auch nicht nur die Simulation einer Prüfungssituation, deren Beobachtung immer schon mit beträchtlichem Lustgewinn verbunden war, sondern auch die Sache selbst, um die es geht: das Wissen. Genau in diesem Punkt demonstriert diese Show, kulturindustrielles Produkt par excellence, einiges davon, wie es um das Wissen in der Wissensgesellschaft bestellt ist.

Die Konstruktion der Show ist denkbar einfach. Einem Kandidaten, der es nach verschiedenen Vorauswahlverfahren bis ins Zentrum des Geschehens geschafft hat, werden bis zu fünfzehn Fragen gestellt, deren Schwierigkeitsgrad mit dem für die richtigen Antworten ausgesetzten Preisgeld steigt. Im Gegensatz zur herrschenden Ideologie der Vernetzung wird in dieser Show einzig nach einem punktuellen Wissen gefragt. Die aus Multiple-choice-Verfahren bekannten vorgegebenen Antworten, aus denen eine auszuwählen ist, ermöglichen nicht nur eine rasche und unmittelbare Reaktion, sondern zeigen auch in nuce, wo die Grenzen zwischen Raten, Vermuten, Wissen und Bildung verlaufen. Dort, wo Kandidaten ihre Wahl mit Formeln wie »Das kommt mir bekannt vor« oder »Davon habe ich schon einmal gehört« begründen, triumphiert das Bekannte über das Gewußte, dort, wo mit Wahrscheinlichem oder Plausibilitäten gearbeitet wird, regieren Ahnungen und dunkle Erinnerungen, und wenn jemand tatsächlich etwas weiß, wird als Begründung für die Wahl der Antwort dann auch folgerichtig gesagt: Das weiß ich. Ein Hauch von Bildung schleicht sich schließlich dann ein, wenn es einem Kandidaten gelingt, aufgrund seiner Kenntnisse etwa des Lateinischen oder gar Griechischen die Bedeutung von ihm an sich nicht geläufigen Fachausdrücken zu erschließen.

Die Show, und das mag ihre Attraktivität mitbedingen, simuliert so Bewegungen im Wissensraum, die jeder kennt und nachvollziehen kann: Nur sehr wenig haben wir verstanden, einiges wissen wir, manches kann vermutet werden, das meiste ist uns aber nicht geläufig und kann höchstens erraten werden.

So, wie sich das Wissen in der Abfolge von Fragen aus den unterschiedlichsten Gegenstandsbereichen präsentiert, erscheint es allerdings völlig zusammenhanglos und zufällig. Von der Geographie zur Popkultur, von der Literatur zur Botanik, von der Chemie zur Filmmusik, von der Kochkunst zur Oper, vom Sprichwort zur Historie: Alles ist möglich. Die Kontingenz ist das einzige Prinzip, das die Fülle der Informationen und Bedeutungen, die in einer Show in rascher Folge abgefragt werden, zusammenhält, der Zufallsgenerator spielt eine entscheidende Rolle, Menschenwerk ist offensichtlich nur die Einschätzung des Schwierigkeitsgrades, den man den Fragen zuweist.

Solche Kontingenz allerdings spiegelt eine zentrale Erfahrung wider, die Menschen in der Informationsgesellschaft machen müssen: die Gleichgültigkeit des gleich Gültigen. Auch wer im digitalen Datenozean nach Informationen fischt, wird auf Anhieb nie wissen, ob das, was die Suchmaschine ausspeit, in einem sinnvollen Zusammenhang zu einer Frage steht. Recherchen im Internet zeitigen in einem ersten Schritt immer zufallsbedingte Ergebnisse, die akzeptiert werden, weil jede andere Form der Suche vorab zum Scheitern verurteilt wäre. Sich im Netz zu bewegen, bedeutet immer auch, den Zufall so weit zu verdichten, daß sich Ergebnisse mit Plausibilitätscharakter ergeben.

Ein wesentlicher Grund für den Erfolg der *Millionenshow* liegt aber wohl darin, daß dieses Format mit jedem Bildungsdünkel radikal Schluß macht. Gleichberechtigt stehen alle möglichen Wissensgebiete und Lebensbereiche nebeneinander, die Frage nach einer Figur aus Goethes *Faust* hat denselben Stellenwert wie die nach der neuesten Liaison eines Hollywood-Sternchens, es kann und darf keine Hierarchien geben, und es fiele auch keinem Kandidaten ein, eine Frage mit dem Hinweis zurückzuweisen, daß man das nicht wissen muß.

Was von der einstens geforderten, später inkriminierten Allgemeinbildung übrig ist, läßt sich an dieser Show ablesen: Alles kann Bildung sein, aber Bildung ist längst nicht mehr alles. Es gibt keine bevorzugten Disziplinen und Wissensgebiete mehr, nirgendwo wird ein Kanon abgefragt, aber auch Spezialisten haben in diesem Spiel keine Chance, in der Regel gelangen Generalisten mit etwas Glück am weitesten. Der zunehmende Schwierigkeitsgrad der Fragen orientiert sich dann auch nicht an komplexer werdenden Sachverhalten, auch nicht an dem, was man früher ein gehobenes Bildungsniveau genannt hatte, sondern am Exotismus und an der Ausgefallenheit der Bereiche und Begriffe.

Die Wissensshow suggeriert im Gegensatz zum Bildungs-Buch von Dietrich Schwanitz gerade nicht, daß es um das geht, was man wissen muß, sondern daß es völlig gleichgültig ist, was man weiß oder nicht weiß, mit etwas Glück weiß man immer etwas, das zufällig auch gefragt wird. Auf eine seltsame Weise adoriert diese Show so die Idee des punktuellen Faktenwissens an sich und stellt sich quer zur lange vorherrschenden pädagogischen Reformhaltung, die Faktenwissen als isoliert und zusammenhanglos aus den Köpfen der Schüler verbannen wollte. Seit dem Erfolg dieser Show veranstalten zeitgeistige Lehrer deshalb auch keine trockenen Prüfungsgespräche mehr, in denen sie erfahren, wieviel ihre Schüler tatsächlich verstanden haben, sondern organisieren dieser Show nachempfundene Ratespiele, die dann auch widerstandslos akzeptiert werden. So macht nicht nur Lernen, sondern auch Prüfen wirklich Spaß, und durch die Hintertür eines Medienereignisses gelangt das lange verpönte Abfragen beziehungslos nebeneinander stehender Daten, Fakten und Bedeutungen wieder in den Unterricht.

Dem Lehrer als Quizmaster stehen mit dem deutschen und österreichischen Protagonisten dieser Show auch gleich zwei habituelle Modelle gegenüber, an denen er sein pädagogisches Verhalten orientieren könnte. Während es Günther Jauch laut Umfragen durch diese Show dazu gebracht hat, als einer der klügsten Deutschen zu gelten, dem man auch hohe politische Ämter zutraut, hat die Beliebtheit des österreichischen Moderators Armin Assinger wohl andere Gründe. Jauch schafft es, mit intellektueller Attitüde immer wieder den Eindruck zu erzeugen, daß er meistens doch um einiges mehr weiß als die Kandidaten und daß der Blick auf die Lösung für ihn eher Bestätigung und nicht Offenbarung ist. Ganz anders beim ehemaligen Schirennläufer, dessen Charme darin besteht, daß er erst gar nicht versucht, so zu tun, als könne er mit den Begriffen, die er abfragen muß, etwas anfangen. Während Jauch eine pädagogische Autorität simuliert, stellt Assinger den Lehrerkumpel dar, der kein Hehl daraus macht, daß er auch nicht mehr weiß als seine Schüler und deshalb gerne bereit ist, etwas von diesen zu lernen.

Bei sehr leichten Fragen allerdings oder dort, wo es um Sport geht, hilft der kumpelhafte Moderator dann auch schon einmal augenzwinkernd einem verzweifelten Kandidaten über die ersten Hürden hinweg. Jauchs Gesten der Bestürzung über die geistige Immobilität mancher seiner Kandidaten lassen demgegenüber keinen Zweifel über die intellektuelle Differenz zwischen ihm und seinem Gegenüber. Bei der richtigen Beantwortung von schwierigen Fragen kann Jauch deshalb, weil selbst Autorität, ein Lob riskieren, während Assinger, Gleicher unter Gleichen, unverhohlen sein nahezu philosophisches Erstaunen darüber zum Ausdruck bringt, was es in der Welt so alles zu wissen gibt.

Formate wie die *Millionenshow* indizieren den Stand der Bildung auf der Ebene der massenmedialen Unterhaltung: als eine Erscheinungsform der Unbildung. Nicht, daß es an und in diesen Sendungen nichts zu lernen gäbe; und fraglos etablieren solche Spiele gleichsam propagandistisch die These, daß man nie genug wissen kann. Und nicht zuletzt kokettieren diese Sendungen mit einer Urszene unserer Kultur: der Rätselfrage, deren Beantwortung das weitere Schicksal des Menschen entscheidet. Man bleibt dann auch vor allem deshalb vor dem Bildschirm sitzen, weil es unerträglich ist, solche Fragen unbeantwortet zu lassen. Aber das dabei aufgebotene Wissen bleibt seinen eigenen Intentionen gegenüber unverbindlich und zusammenhanglos, es ist schlechterdings äußerlich geworden. Das mag einerseits an einem Format liegen, das Wissen zum Gegenstand eines Fragespiels macht und deshalb der Idee von Bildung so sehr entfremdet sein muß wie jede andere Quizshow oder jedes Kreuzworträtsel auch. Das liegt andererseits aber auch an Verhältnissen, die jede Idee eines Zusammenhangs oder einer inneren Entfaltung eines Gedankens sabotieren.

Theodor W. Adorno hatte einstens versucht, an der *Ethik* Spinozas zu demonstrieren, was wahre Bildung sei: Es geht dabei nicht nur um die Kenntnis oder Lektüre dieses Buches, sondern auch um jene Cartesianische Philosophie und deren systematische und historische Kontexte, ohne die Spinoza nicht angemessen verstanden werden kann. Bildung, so könnte man sagen, ist der Anspruch auf angemessenes Verstehen. Für den Halbgebildeten, dem dafür die Voraussetzungen fehlen, wird Spinozas *Ethik* deshalb zu einem Konvolut logisch nicht nachvollziehbarer Behauptungen, aus dem er Einzelheiten gerade noch als erstarrtes Bildungsgut zitieren kann.[1] Solch ein Bildungsanspruch zerschellt vollends an einem Verfahren, das bestenfalls noch danach fragt, ob die *Ethica, ordine geometrico demonstrata* von Descartes, Spinoza, Kant oder Hobbes geschrieben wurde. Das Problem besteht nicht darin, daß jemand, der Spinoza und Descartes gelesen hätte, diese Frage nicht zu beantworten wüßte; das Problem besteht darin, daß zu einem Buch wie Spinozas *Ethik* unter dem Gesichtspunkt medialer Enthusiasmierung keine andere Frage mehr gedacht werden kann als die nach ihrem Autor. Was in Adornos *Theorie der Halbbildung* noch als ein vergeblicher Aneignungsprozeß von Bildung durch solche soziale Schichten, denen schlicht die materiellen Möglichkeiten dazu vorenthalten wurden, kritisch diagnostiziert wurde, mutiert in der Mediengesell-

---

1 Theodor W. Adorno: Theorie der Halbbildung. Gesammelte Schriften Bd. 8/1, Frankfurt/Main 1980, S. 112

schaft zu einem individuellen Glück, das einen rechtzeitig daran erinnert, wer ein bestimmtes Buch vielleicht geschrieben haben könnte.

Wissen wird so zu einem zwar nicht zentralen, aber auch nicht nur peripheren Moment der Unterhaltungsindustrie. Jenseits der diversen Ratespiele, bei denen es auch um Wissen geht, demonstrieren vielleicht die Wissens- und Wissenschaftsmagazine der verschiedenen Fernsehanstalten am deutlichsten, in welchen Formaten Wissen heute einer breiteren Öffentlichkeit präsentiert werden kann. Auch wenn der Seriositätsgrad vom Sendungen wie *Galileo, Newton* oder *Nano* durchaus unterschiedlich bewertet werden kann, läßt sich doch eine Maxime erkennen, die allen zugrunde liegt: Zeige etwas Interessantes! Die Vielfalt der Themen, das Springen zwischen den Gegenstandsbereichen, das Kokettieren mit dem Sensationellen, Überraschenden, Verblüffenden, die Lust an den spektakulären Entdeckungen und Innovationen charakterisieren solches Wissen: vom Wilden Westen auf den Mars, vom Judasevangelium zur Funktionsweise von Geländebaggern, von den Segnungen der Nahrungsmittelindustrie zum Totenkult der Etrusker. Die Beliebigkeit des Wissens aus der Quizshow wiederholt sich, nun allerdings als spannende, spektakuläre, je nach Jahreszeit auch schon einmal besinnliche Story. Daß solche Beliebigkeit des Wissens auch auf die Spitze getrieben noch einen eigenen Reiz hat, zeigen nicht zuletzt Bestseller wie *Schotts Sammelsurium*, in dem wahrlich alles Mögliche und Unmögliche, Sinnige und Unsinnige aufgelistet wird, von den Todesarten burmesischer Könige bis zu den Kindern von Thomas Mann.[2]

Wissen unter diesen Bedingungen erscheint vor allem unter dem Aspekt der Verblüffung: erstaunlich, was es alles gibt

---

2 Ben Schott: Schotts Sammelsurium. Berlin 2004

und wie die Dinge funktionieren oder hergestellt werden. Die meisten Wissenschaftssendungen sind deshalb auch in hohem Maße an Technologien interessiert. Sie sind erfolgreich, weil darin tatsächlich ein entscheidendes Motiv alles Wissens angesprochen wird: die Neugier. Neugier, *curiositas*, gehörte spätestens seit der frühen Neuzeit zu den entscheidenden Triebfedern des Erkenntnisprozesses. Gleichzeitig war sie immer dem Verdacht ausgesetzt, sich an das Beliebige, Einzelne, Außergewöhnliche, Unnötige zu verlieren und darüber die grundlegenden Zusammenhänge und Wahrheiten zu übersehen. Ludwig Wittgenstein hat die »oberflächliche Neugier auf die jüngsten wissenschaftlichen Entdeckungen« einmal einen der »schnödesten Wünsche des modernen Menschen« genannt.[3] Kein populäres Wissensmagazin, das nicht versuchte, diesen schnöden Wunsch zu befriedigen.

Der Unterhaltungswert des Wissens, mit und ohne Nutzen, ist der modernen Wissenskultur allerdings von Anfang an eingeschrieben. Im 17. Jahrhundert standen die aufblühenden Wissenschaften und deren Ergebnisse sogar ganz erheblich im Dienste einer geselligen Unterhaltung,[4] erfolgreiche Bücher wie Georg Philipp Harsdörffers gattungsbildende *Frauenzimmer-Gesprächspiele* (1641–1649) oder Johann Adam Webers *Hundert Quellen Der von allerhand Materien handelnden Unterredungs-Kunst* aus dem Jahre 1676 versuchten Handreichungen für jene Kunst der Konversation zu geben, die gleichermaßen gelehrt wie unterhaltsam, kurzweilig wie bildend sein sollte. Es wäre eine

---

3 Ludwig Wittgenstein: Vortrag über Ethik und andere kleine Schriften. Frankfurt/Main 1989, S. 9
4 Markus Fauser: Wissen als Unterhaltung. In: Richard van Dülmen/Sina Rauschenbach (Hg.): Macht des Wissens. Die Entstehung der modernen Wissensgesellschaft. Köln–Weimar–Wien 2004, S. 496 ff.

Überlegung wert, in der Konjunktur, die das unterhaltsame Wissen gegenwärtig erlebt, nicht nur einen Tribut an die immanente Logik der Mediengesellschaft zu sehen, sondern auch eine Rückkehr zu den Wurzeln der sozialisierten Neugier der Moderne. Erst die Bildungsideen der Aufklärung und des Neuhumanismus hatten versucht, das Wissen vom Geruch des Kuriosen und Beliebigen zu befreien und aus einem unterhaltsamen Gesellschaftsspiel eine Selbstverpflichtung des Menschen zu machen, die Grundbedingung für das Verständnis der Kultur und damit für die Entfaltungsmöglichkeiten des modernen Subjekts sein sollte.

Unter den Voraussetzungen der Unterhaltungsindustrie und angesichts der Unendlichkeit und Beliebigkeit des Wissens selbst, findet die neuhumanistische Idee der Allgemeinbildung als verstehende Aneignung der Grundlagen unserer Kultur kaum noch theoretische oder gar curriculare Entsprechungen. Paradox immerhin, daß mit der Austreibung der kanonischen Bildung aus den nur noch pro forma sogenannten Gymnasien oder Allgemeinbildenden Schulen die Sehnsucht nach ebendieser Bildung gewachsen ist. Ein Buch wie Dietrich Schwanitz' *Bildung* versprach dann auch, gerade diese Sehnsucht nach den verlorenen Bildungsgütern und ihrer Gewichtung zu befriedigen: *Alles, was man wissen muß.*[5] Der Untertitel des Buches suggeriert zweierlei: Was zur Bildung gehört, ist weder beliebig noch unendlich, sondern läßt sich auf wenigen hundert Seiten, durchaus unterhaltsam, fixieren. Bildung ist mehr und anderes als eine Sammlung von Kuriositäten oder ein zufälliger Ausschnitt aus einer gerade vom Zeitgeist hochgespülten Wissenschaftsdisziplin. In diesem Sinn ist Schwanitz' Buch, wenn auch mit ironischer Distanz, noch einem Bildungskonzept ver-

---

5 Dietrich Schwanitz: Bildung. Alles, was man wissen muß. München 2002 (Erstausgabe: Frankfurt/Main 1999)

pflichtet, das Bildung als Aneignung der unverrückbaren Fundamente der europäischen Kultur sehen wollte. Und diese Fundamente sind weder beliebig noch unüberschaubar. Das, was man tatsächlich wissen muß, kann man auch wissen – es genügt, das genannte Buch zu lesen. Was aber, wollte man irgendeiner Idee von Bildung genügen, muß man denn tatsächlich wissen?

Wer behauptet, er wisse alles, was man wissen muß, wird nicht lange warten müssen, um nachgewiesen zu bekommen, daß er vieles, was man wissen müßte, nicht weiß. Schwanitz hatte es seinen Kritikern insofern leicht gemacht, als er sich der deutschen Tradition anschloß und die Inhalte der Bildung im wesentlichen auf die Bereiche der Literatur, der Historie, der Kultur- und Geistesgeschichte beschränkte. Der Vorwurf, die *andere Bildung*, nämlich die der Mathematik und Naturwissenschaften, sträflich zu vernachlässigen, folgte postwendend, auch wenn dem Versuch, das Schwanitzsche Versäumnis in ähnlicher Manier zu kompensieren, nicht der gleich große Erfolg beschieden war.[6] Und natürlich beging Schwanitz das moderne Sakrileg, Bildung aus europäischer Perspektive zu definieren und nicht den Außenstandpunkt der Opfer europäischer Politik gegenüber der europäischen Kultur einzunehmen. In der Tat gehört es zur Logik jeder Bildungsdebatte, daß man jede These zur Frage, was man wissen muß, mit dem Hinweis auf etwas, das auch noch dazu gehört, aushebeln kann. Der Grundfehler bestand schon bei Schwanitz darin, das Wesen der neuhumanistischen Bildungskonzeption mißverstanden zu haben. Dieser war es nie darum gegangen festzuhalten, was man wissen muß.

Die Frage, was man wissen muß, hat schon eine Zielvor-

6 Ernst P. Fischer: Die andere Bildung. Was man von den Naturwissenschaften wissen sollte. Berlin 2003

stellung im Blick, für die dieses Wissen einen funktionalen Wert hat. Aber auch Schwanitz ist so desillusioniert, daß er weiß, daß jenes unter dem Titel der Bildung noch einmal versammelte Wissen mittlerweile weder den sozialen Aufstieg garantiert noch die Berufschancen verbessert, sondern gerade einmal ausreichen soll, um auf diversen Partys den Intellektuellen mimen zu können. Auch bei Schwanitz regrediert Bildung zu jenem Gesellschaftsspiel, dem sie vielleicht einmal entsprungen ist. Doch sogar hier ließe sich die perennierende Frage stellen: Was muß man wirklich wissen, um beim höheren gesellschaftlichen Small talk zu brillieren, ohne als Besserwisser oder Kuriositätensammler negativ aufzufallen?

Kaum eine Party im politisch interessierten Milieu, bei der nicht irgendwann das Gespräch auf den Krieg im Irak, den Krieg gegen den Terror, die Kriege der Zukunft und den Krieg im allgemeinen zusteuerte. In diesem Zusammenhang ist es gut zu wissen, daß das unvermeidlich fallende Wort vom Menschen als des Menschen Wolf auf Thomas Hobbes zurückgeht. Soweit Schwanitz.[7] Natürlich macht es sich noch besser, zitiert man diesen Satz in lateinischer Sprache – *homo homini lupus* –, aber das muß man schon nicht mehr können, geht es nach jenen Bildungsexperten und Reformern, die das Lateinische mittlerweile als generell verzichtbar erachten. Und daß man diesen Satz nicht, wie Schwanitz suggeriert, in Hobbes' Hauptwerk *Leviathan,* sondern in einem Widmungsschreiben zu seiner Abhandlung *Vom Bürger* findet, muß man wohl nicht mehr wirklich wissen. Daß Hobbes den Wolfs-Satz aber gar nicht erfunden hat, sondern daß er ein verbreitetes lateinisches Doppelsprichwort zustimmend zitiert, das sich in einschlägigen Sammlungen – etwa bei Erasmus von Rotterdam oder John Owen – findet,

7 Schwanitz, Bildung, S. 423

könnte schon wieder interessant sein, denn dieses lautet:
»Der Mensch ist ein Gott für den Menschen« und: »Der
Mensch ist ein Wolf für den Menschen.«[8] Als Einzelwesen
wird der Mensch für seinesgleichen zur Gefahr, im sozialen
Verband aber zu seinem Segen.

Es ist diese Ambivalenz, die Doppelnatur des Menschen,
die Hobbes interessierte. Ob man dann noch wissen sollte,
daß die Wolfsformel in ihrer klassischen Prägung eigentlich
aus der *Asinaria*, der Eselskomödie des Plautus stammt,
könnte man offen lassen. Immerhin: Arthur Schopenhauer
und Sigmund Freud, beide in bezug auf die Natur des Menschen ziemlich illusionslos, zitieren diesen Satz, obgleich sie
Hobbes natürlich kannten, aus der Komödie des Plautus.[9]
Daß dieser Satz allerdings schon bei Plautus den Charakter
einer verbürgten Redensart hatte und, so nebenbei, nicht
den mordenden oder räuberischen, sondern nur den unbe-
rechenbaren Menschen meinte, das muß man allerdings
wirklich nicht mehr wissen.

Irgendwo zwischen der bedeutungsschwangeren Bemerkung »Tja, Hobbes!« und der intimen Kenntnis der römi-
schen Komödiendichtung verläuft wohl die einstens schil-
lernde Grenze zwischen allgemeiner Bildung und purer
Gelehrsamkeit. Mit dem Verschwinden nicht nur des Bildungsbürgers, sondern auch des Gelehrten als einer spezifischen Erscheinungsform des neuzeitlichen Wissens hat
diese Grenze und die durch sie provozierte Spannung ihre
Attraktion eingebüßt.

---

8 Thomas Hobbes: Vom Menschen. Vom Bürger. Elemente der Philosophie
 II/III. Hamburg 1994, S. 59
9 Arthur Schopenhauer: Die Welt als Wille und Vorstellung II. Sämtliche
 Werke, ed. Wolfgang Frhr. von Löhneysen, Frankfurt/Main 1986, Bd. II,
 S. 434; Sigmund Freud: Das Unbehagen in der Kultur. Studienausgabe
 Bd. IX, Frankfurt/Main 1982, S. 240

Was also muß man wirklich wissen? Diese Frage wird nicht leichter, wenn man weiß, daß man die Genese und Geschichte der Homo-homini-lupus-Formel relativ einfach im Internet recherchieren kann. Bei Party-Gesprächen macht es sich in der Regel nicht so gut, wenn man sich mit seinem Hochleistungsmobiltelephon in eine stille Ecke zurückzieht, das Web en miniature durchforstet und nach geraumer Zeit in die Gesprächsrunde, die schon längst bei der neuesten Aufführung des lokalen Tanztheaters angelangt ist, mit der Neuigkeit hineinplatzt, daß der Hobbes zugeschriebene finstere Satz über die bestialische Natur des Menschen einer zwar derben, nichtsdestotrotz aber eher fröhlichen antiken Komödie entstammt. Gerade in solchen Situationen erweist sich der Satz, daß es nicht auf gegenständliches Wissen, sondern nur darauf ankomme zu wissen, wo man nachzuschauen hat, als trügerisches Versprechen. Und auch wenn man weiß, wo und wie man Wissen abrufen kann: Es wird immer nur ein lexikalisches Wissen sein können, über das man in dieser äußerlichen Form verfügen kann. Dort, wo es um Sinn, um Bedeutung, um Zusammenhänge und um Verständnis geht, wird solches Wissen nur dann weiterhelfen, wenn mehr gewußt wird als die Pfade von Suchoptionen.

Aber vielleicht ist weniger sogar mehr. Vielleicht genügt es, um in einem praktischen Sinn gebildet zu sein – Hobbes hin, Plautus her –, einfach zu wissen, daß Menschen einander in der Regel auf der Suche nach Vorteilen mißtrauisch belauern und daß die Wettbewerbsgesellschaft diese wölfische Attitüde zum gefeierten Prinzip erhoben hat. Wie auch immer: Wer bei der großen Rateshow auf die Frage nach dem Autor des Satzes, der den Menschen zum Wolf des Menschen erklärte, zwischen Plautus, Hobbes, Schopenhauer und Freud richtig tippt, der wird Millionär!

2.

Was weiß die Wissensgesellschaft?

DER mittlerweile ubiquitär gewordene Gebrauch des Terminus »Wissensgesellschaft« zur Charakterisierung der Gegenwart könnte Anlaß zu Stolz und Freude sein. Eine Gesellschaft, die sich selbst durch das »Wissen« definiert, könnte als eine Sozietät gedacht werden, in der Vernunft und Einsicht, Abwägen und Vorsicht, langfristiges Denken und kluge Überlegung, wissenschaftliche Neugier und kritische Selbstreflexion, das Sammeln von Argumenten und Überprüfen von Hypothesen endlich die Oberhand über Irrationalität und Ideologie, Aberglaube und Einbildung, Gier und Geistlosigkeit gewonnen haben. Jeder Blick auf die rezente Gesellschaft aber zeigt, daß das Wissen dieser Gesellschaft nichts mit dem zu tun hat, was in der europäischen Tradition seit der Antike mit den Tugenden der Einsicht, lebenspraktischen Klugheit, letztlich mit Weisheit assoziiert wurde.

Die Wissensgesellschaft ist keine besonders kluge Gesellschaft. Die Irrtümer und Fehler, die in ihr gemacht werden, die Kurzsichtigkeit und Aggressivität, die in ihr herrschen, sind nicht geringer als in anderen Gesellschaften, und ob wenigstens der allgemeine Bildungsstand höher ist, erscheint durchaus fraglich. Das Ziel der Wissensgesellschaft ist nicht Weisheit, auch nicht Selbsterkenntnis im Sinne des griechischen *Gnóthi seauton*, nicht einmal die geistige Durchdringung der Welt, um sie und ihre Gesetze besser zu verstehen. Es gehört zu den Paradoxa der Wissensgesellschaft, daß sie das Ziel jedes Erkennens, die Wahrheit oder zumindest eine verbindliche Einsicht, nicht erreichen darf. In ihr, in dieser

Gesellschaft lernt niemand mehr, um etwas zu wissen, sondern um des Lernens selbst willen. Denn alles Wissen, so das Credo ausgerechnet der Wissensgesellschaft, veraltet rasch und verliert seinen Wert.

Die Bewegung des Wissenserwerbs ersetzt, wie Günther Anders übrigens schon in den vierziger Jahren des 20. Jahrhunderts diagnostizierte, das Ziel: Auf »lifelong learning« kommt es an, »nicht auf Wissen oder gar Weisheit«.[10] Wenn es der Wissensgesellschaft aber weder um Weisheit noch um Erkenntnis, noch um Verstehen als zentrale Indikatoren für das, was diese Gesellschaft zusammenhält, geht, worum geht es ihr – neben den Simulationen permanenter Lernbereitschaft – dann?

Wissen, so eine gängige Definition, ist eine mit Bedeutung versehene Information. Relativ sorglos wird deshalb auch in der politischen Rhetorik der Begriff der Wissensgesellschaft dem der Informationsgesellschaft gleichgesetzt. In der Regel wird letzterer noch stärker betont, weil Informationen noch unmittelbarer mit jenen digitalen Medien verschwistert scheinen, welche die neue Wissensgesellschaft auf Trab halten. Gegen die beliebte These, daß wir in einer Informations- und damit schon Wissensgesellschaft leben, läßt sich allerdings mit guten Gründen die These halten, daß wir in einer »Desinformationsgesellschaft« leben.

Das Bekannte, formulierte Hegel einmal, ist »darum, weil es *bekannt* ist, nicht *erkannt*«.[11] Informationen haben mit Wissen und Erkenntnis noch nichts zu tun. Unter den zahlreichen Definitionen für Information ist vielleicht die des amerikanischen Systemtheoretikers Gregory Bateson noch

---

10 Günther Anders: Lieben gestern. Notizen zur Geschichte des Fühlens. München 1986, S. 120

11 Georg Wilhelm Friedrich Hegel: Phänomenologie des Geistes. Werke Bd. 3, Frankfurt/Main 1970, S. 35

immer am erhellendsten: Information ist »irgendein Unterschied, der bei einem späteren Ereignis einen Unterschied macht«[12].

Vor der Folie dieser Begriffsbestimmung wird sofort klar, warum der Terminus Desinformationsgesellschaft zur Beschreibung unserer Gesellschaft wesentlich besser geeignet ist als der Begriff Informationsgesellschaft: Denn die Zunahme der Informations- und Kommunikationsmöglichkeiten, die reine Fülle der als Information getarnten Eindrücke, Töne, Zahlen, Bilder, die auf einen durchschnittlichen Stadtbewohner heute einströmen, tendieren dazu, Unterschiede erst einmal verschwimmen zu lassen, und wenn sie doch sichtbar werden, machen sie keinen Unterschied in Hinblick auf ein späteres Ereignis, weil sie aus Kapazitätsgründen nur peripher wahrgenommen werden können und in der Regel auch sofort wieder vergessen werden müssen.

Überprüft man die zahllosen sogenannten Informationen, die ein moderner Mensch im Laufe eines Tages – auch unter dem offiziellen Titel »Nachrichten« – konsumiert, daraufhin, inwiefern danach eine Handlung gesetzt wird, die ohne die Nachricht unterblieben wäre, dann wird schlagartig klar, daß die meisten der sogenannten Nachrichten keine Nachrichten sind und daß Nachrichten, die einen Unterschied machen, also tatsächlich etwas mitzuteilen haben, selten sind und aus der Datenflut in der Regel erst mühsam herausgefiltert werden müssen. Was die allabendlichen Fernsehnachrichten betrifft, gibt es übrigens nur einen Block, der tatsächlich eine Information übermittelt, die für die nahe Zukunft eines fast jeden Zusehers einen Unterschied macht und der deshalb tatsächlich eine Bedeutung hat: der Wetterbericht. Alles andere, so ernst es sein mag, ist in der Regel Unterhaltung.

12 Gregory Bateson: Ökologie des Geistes. Frankfurt/Main 1983, S. 488

Wissen ist mehr als Information. Wissen erlaubt es nicht nur, aus einer Fülle von Daten jene herauszufiltern, die Informationswert haben, Wissen ist überhaupt eine Form der Durchdringung der Welt: erkennen, verstehen, begreifen. Im Gegensatz zur Information, deren Bedeutung in einer handlungsrelevanten Perspektive liegt, ist Wissen allerdings nicht eindeutig zweckorientiert. Wissen läßt sich viel, und ob dieses Wissen unnütz ist, entscheidet sich nie im Moment der Herstellung oder Aufnahme dieses Wissens. Im Gegensatz zur Information, die eine Interpretation von Daten in Hinblick auf Handlungsperspektiven darstellt, ließe sich Wissen als eine Interpretation von Daten in Hinblick auf ihren kausalen Zusammenhang und ihre innere Konsistenz beschreiben.

Man könnte es auch altmodisch formulieren: Wissen existiert dort, wo etwas erklärt oder verstanden werden kann. Wissen referiert auf Erkenntnis, die Frage nach der Wahrheit ist die Grundvoraussetzung für das Wissen. Seit der Antike wird so die Frage nach dem Wissen von der Frage nach der Nützlichkeit von Informationen aus systematischen Gründen zurecht getrennt. Ob Wissen nützen kann, ist nie eine Frage des Wissens, sondern der Situation, in die man gerät. Es gab Zeiten – so lange sind sie noch nicht vorbei –, da galt Orientalistik als ein Orchideenfach, auf das so mancher Bildungsplaner glaubte verzichten zu können. Nach dem 11. September 2001 war alles anders, und Grundkenntnisse des Arabischen und der Geschichte des Vorderen Orient avancierten zu einer höchst begehrten Kompetenz.

Angesichts dessen allerdings, was gewußt werden könnte, weil es irgendwo gewußt wird, muß jeder Anspruch auf Wissen zur Verzweiflung führen. Schwanitz' suggestiver Untertitel, *Alles, was man wissen muß*, versprach Trost in einer Situation, in der sich jeder durch die Datenfluten und Informationsangebote überfordert fühlen muß. Die Enthierarchisierung des Wissens und seine Darstellung als beliebig variierbares und erweiterbares Netz läßt keine Gestalt des Wissens mehr plausibel erscheinen. Angesichts der Unendlichkeit eines jederzeit zugänglichen potentiellen Wissens sind wir alle, ob wir wollen oder nicht, faktisch Unwissende. Zwar war es noch nie so leicht, sich über eine Frage, ein Fachgebiet oder ein Phänomen einigermaßen umfassend zu informieren. Fast jede wissenschaftliche Disziplin ist mittlerweile durch öffentlichkeitswirksame Magazine und Zeitschriften vertreten, und über das Internet kann man sich von einfachen lexikalischen Zugängen bis zu komplexen Darstellungen alles herunterladen. Doch kann man sich des Eindrucks nicht erwehren, daß die quantitativen Möglichkeiten zu wissen, sich zu dem, was tatsächlich gewußt wird, nahezu verkehrt proportional verhalten. Möglich, daß gerade diese Leichtigkeit des Zugangs die Bildung von Wissen sabotiert. Ohne Durcharbeitung und verstehende Aneignung bleiben die meisten Informationen schlechterdings äußerlich. Nicht nur Studenten verwechseln zunehmend das mechanische Kopieren einer Seminararbeit aus dem Internet mit dem selbständigen Schreiben einer solchen Arbeit.

Angesichts der unendlichen Datenströme der Informationsmedien trösten wir uns gerne mit dem Satz, daß es nicht darauf ankomme, etwas zu wissen, sondern darauf, zu wissen, wo wir das Wissen finden. Wissen in der Wissensgesellschaft ist ausgelagertes Wissen. Aber: Wissen läßt sich nicht auslagern. Weder in den traditionellen Archiven und Bibliotheken noch in den modernen Datenbanken lagert Wissen. Im Gegensatz zu einer verbreiteten Meinung besitzen auch Organisationen kein Wissen. Sie können höchstens Bedingungen bereitstellen, durch die das Wissen ihrer Akteure in eine Beziehung zueinander gebracht und weitergegeben werden kann. In keiner Datenbank, in keinem Medium, das unstrukturiert Daten akkumuliert, finden wir deshalb Wissen. Wissen bedeutet immer, eine Antwort auf die Frage geben zu können, was und warum etwas ist. Wissen kann deshalb nicht konsumiert werden, Bildungsstätten können keine Dienstleistungsunternehmen sein, und die Aneignung von Wissen kann nicht spielerisch erfolgen, weil es ohne die Mühe des Denkens schlicht und einfach nicht geht. Aus diesem Grund kann Wissen auch nicht gemanagt werden. Das Wissen selbst ist, solange es keine anderen sozialen und intelligiblen Akteure auf dieser Welt als Menschen gibt, bei diesen. Allem Wissen ist so der Makel der Subjektivität eingeschrieben, es ist stets lückenhaft, inkonsistent und in hohem Maße von Kontingenz geprägt.

Allerdings ist das Wissen des einzelnen nicht mit dem gleichzusetzen, was er im Kopf hat. Im Gedächtnis gespeicherte Daten welcher Art auch immer sind noch kein Wissen. Die Gedächtnisakrobaten, die imstande sind, sich unzählige Einzelheiten zu merken, und die wandelnden Lexika, die imstande sind, jedes Kreuzworträtsel zu lösen, wissen im emphatischen Sinn nicht allzuviel. Zu einem Wissen würden diese Einzelheiten und Begriffe erst dann, wenn sie nach logischen und konsistenten Kriterien derart miteinander verknüpft werden können, daß sie einen sinnvollen und überprüfbaren Zusammenhang ergeben.

Dieser Zusammenhang richtet sich allerdings nicht nach externen Kriterien, sondern nach der Logik dieses Wissens selbst: Historische Daten zum Beispiel, die nicht nach der Logik historischer Wissenschaften und ihres Kontextes miteinander verknüpft, sondern nach politischen oder emotionalen Befindlichkeiten gruppiert werden, ergeben kein Wissen, sondern eine Ideologie; naturwissenschaftliche Daten, die nicht der Logik dieser Wissenschaft, sondern politischen Ängsten oder Sehnsüchten unterworfen werden, werden zum positiven oder negativen Mythos, zu einem Phantasma, das sich auch zu einer kollektiven Hysterie steigern kann. Der mediale Umgang mit BSE und Vogelgrippe könnte als Indiz dafür gewertet werden, daß wir von einer Wissensgesellschaft noch ungefähr soweit entfernt sind wie das Mittelalter.

Der Begriff der Wissensgesellschaft soll allerdings einen gravierenden gesellschaftlichen Transformationsprozeß indizieren: die Verwandlung der klassischen Industriegesellschaft in eine Formation, in der nicht mehr der Abbau von Rohstoffen, die Produktion und der Handel mit Industriegütern signifikant sind, sondern der Erwerb und die Arbeit mit »Wissen«. Die »materielle Ökonomie« soll durch eine »symbolische Ökonomie« abgelöst werden.[13] Das Phänomen des »Wissensarbeiters«, der mit der Gewinnung und Verteilung von Informationen beschäftigt ist, wurde, seit Peter F. Drucker, der Prophet des modernen Managements, in ihm die Verkörperung der »heraufdämmernden« Wissensgesellschaft erkannte, die den klassischen Industriearbeiter ablösen soll,[14] zum Emblem dieser Vorstellung. Drucker definiert den Wissensarbeiter als eine in einem nichthumanistischen Sinn »gebildete Person«, deren Kennzeichen die Fähigkeit ist, »ihr Wissen in der Gegenwart anzuwenden und zur Gestaltung der Zukunft zu nutzen«.[15]

In diesem Konzept saugt der Wissensarbeiter übrigens jene Utopien an, an denen schon der Industriearbeiter gescheitert war: Drucker beschreibt die Wissensgesellschaft explizit nicht nur als postindustrielle, sondern auch als postkapitalistische Gesellschaft. Weil Wissen von jedermann erworben und in den Wettbewerb geworfen werden kann, fal-

---

13 Manfred Prisching: Was ist das Neue an der Wissensgesellschaft? In: Martin Held u.a. (Hg.): Ökonomik des Wissens. Marburg 2004, S. 310
14 Peter F. Drucker: Was ist Management? München 2002, S. 352 f.
15 Drucker, Was ist Management, S. 336

len endlich alle Klassenschranken, jeder ist im Besitz des wichtigsten Produktionsmittels dieser Gesellschaft: Wissen. Wer nun ans Ende der sozialen Stufenleiter gerät, kann sich nicht mehr auf Eigentumsverhältnisse, Gewalt oder Ausbeutung ausreden: Er hat nur schlicht zu wenig oder zu langsam oder das Falsche gelernt.[16]

Von dieser Utopie eines freien und individuellen Zugangs zu den entscheidenden Ressourcen der neuen Gesellschaft blieb nicht viel mehr als die Ideologie des lebenslangen Lernens. Hinter diesem Begriff verbergen sich weniger Konzepte zur Auflösung traditioneller Eigentumsverhältnisse als vielmehr ein Instrument, mit dem jederzeit eine Anpassungsleistung an die real existierenden Eigentumsverhältnisse verlangt werden kann. Bekanntlich ist die Formel vom »lebenslangen Lernen« nicht unumstritten, zu sehr erinnert dies an eine irreversible Verurteilung, als daß die Bildungsplaner damit hätten glücklich werden können.

Die Not der Benennung indiziert allerdings ein Problem. Welche Bezeichnung man immer wählt, es bleibt ein übler Nachgeschmack. »Erwachsenenbildung« oder »betriebliche Fortbildung« sind außer Mode gekommen, und das eine Zeitlang forcierte umständliche »lebensbegleitende Lernen« konnte sich nicht durchsetzen. Bleibt die übliche Zuflucht zu einem Anglizismus, an dem man keine negativen Konnotationen wahrnimmt: *lifelong learning*. Welche Euphemismen man auch immer wählt, sie verdecken ein Problem: Ständiges Lernen wird zu einer Notwendigkeit, genauer, zu einem Zwang, aber niemand weiß genau, was eigentlich wozu gelernt werden soll. Und dies vor allem dann, wenn nicht nur jene permanenten Umschulungen gemeint sind, die eine Flexibilisierung der Arbeit einfordert, sondern vom »Faktor Bildung« die wohltönende Rede ist.

16 Drucker, Was ist Management, S. 356

Es gehört zu den Stereotypen der Diskussion über das lebensbegleitende Lernen, daß in der Wissensgesellschaft die Zeiten, in denen eine Phase des Lebens für die Bildung und eine andere Phase für die Erwerbstätigkeit vorgesehen waren, vorbei seien. Nur: so stimmte dies nie. Aristoteles begann seine *Metaphysik* mit dem berühmt gewordenen Satz: »Alle Menschen streben von Natur aus nach Wissen.«[17] Damit war nie gemeint, daß dieses Wissen exklusiv in einer bestimmten Phase des Lebens erworben werden könnte. Eher im Gegenteil. Gerade der antike Begriff der Weisheit – *sophia* – war gedacht als Resultat von erworbenen Kenntnissen, Fähigkeiten, Einsichten und Erfahrungen, die überhaupt erst nach einem langen Leben zu einer wahren Einheit zusammengeführt werden konnten.

Aber dieser Begriff von Weisheit ist nicht das Ziel des lebenslangen Lernens, weil dieses nämlich gar kein Ziel mehr kennt, sondern das Mittel selbst zum Ziel erklärt. Natürlich: Marktverhältnisse und technologische Innovationen, die der Rationalisierung dienen, ändern sich rasch. An diese Veränderungs- und Entwicklungsschübe müssen die Menschen angepaßt werden. Obgleich auch dies nicht unbedingt etwas Neues ist, sind diese Prozesse durch eine bisher kaum gekannte Dynamik und Intensität gekennzeichnet. Nicht nur, daß viele, vor allem ältere Menschen dadurch objektiv überfordert sein können, dient die Ideologie des lebenslangen Lernens auch, vielleicht vor allem dazu, die Risiken dieser Entwicklung einseitig den einzelnen zuzurechnen. Welche Kurse besucht, wieviel Privatkapital auch immer in Weiterbildung investiert werden, man wird im Ernstfall stets sagen können: Es war zu wenig. Es gibt den durchaus tragikomischen Fall des Lernwilligen, der Qualifikationen

---

17 Aristoteles: Metaphysik. Übersetzt von Franz F. Schwarz. Stuttgart 1970, S. 17

über Qualifikationen sammelt und doch nie in die Lage kommt, diese an einem Arbeitsplatz auch wirklich adäquat einzusetzen.

Eine kritische Analyse des lebenslangen Lernens könnte überdies mit einigen Mythen aufräumen, die stets als ideologische Rechtfertigung einer neuen »Lernkultur« dienen. So stimmt der Hinweis auf die Hinfälligkeit und gleichzeitig rasante Vermehrung unseres Wissens, mit dem die permanente Weiterbildung gerne eingefordert wird, in dieser Ausschließlichkeit schon rein faktisch nicht. Die Fundamente unserer technoiden Wissenskultur sind vielfach älter und konstanter, als es der veränderungswillige Zeitgeist vermutet, und ohne diese Fundamente wird auch die notwendige Weiterbildung auf tönernen Füßen stehen.

Ein anderer, vor allem in der schulischen Grundausbildung weit verbreiteter Irrtum besteht darin zu glauben, man könne unnötigen Wissensballast abwerfen und sich einfach auf das Lernen des Lernens beschränken, um später dann alles mögliche lernen zu können. Es gibt aber kein Lernen ohne Inhalte. Die Forderung nach dem Lernen des Lernens ähnelt dem Vorschlag, ohne Zutaten zu kochen. Der Begriff des Lernens setzt ein Etwas immer schon voraus. Dieses Etwas aber ist gegenwärtig keiner Idee von Bildung mehr verhaftet, sondern wird als permanente Leerstelle offen gehalten für die rasch wechselnden Anforderungen der Märkte, Moden und Maschinen. Angeregt durch das Memorandum der Europäischen Kommission zum lebenslangen Lernen, das mit der an DDR-Zeiten erinnernden Parole »Einen europäischen Raum des lebenslangen Lernens schaffen« überschrieben ist, wird an der Universität Wien in einem hochdotierten Projekt untersucht, wie das lebenslange Lernen (LLL) am besten schon in der Volksschule gelernt werden kann. Das Projekt hört auf das sinnige Kürzel TALK, was »Trainingsprogramm zum Aufbau von LehrerInnen-Kompetenzen zur Förderung von Bildungsmotivation und Lebenslangem Lernen« bedeutet.

Lebenslanges Lernen ist noch immer zu wenig. Worum es geht, ist: Lehrer lernen, wie man lernt zu lehren, lebenslang zu lernen. Solche Ideologie der reinen, leeren Lernbewegung ist auch Ausdruck einer fundamentalen Unfähigkeit, überhaupt noch angeben zu können, was denn nun eigentlich gelernt werden soll. Kindern, deren mangelnde Lesefähigkeit nach jedem PISA-Test wortreich beklagt wird, wird so nicht etwa das Lesen beigebracht, sondern »Motivation« und »selbstreguliertes Lernen«. An manchen Schulen ist »Motivation« schon zum Unterrichtsgegenstand geworden. Wahrscheinlich lernt man in dieser Stunde, sich für das Nichts zu motivieren. Erschreckend an solchen Konzeptionen ist, daß dieser praktische pädagogische Nihilismus niemanden mehr erschreckt. Letztlich wird das lebenslange Lernen zu einem »naturalisierten Adaptionsvorgang«, zum Zwang, »sich *fit for the job* zu machen und vor allem auch fit zu erhalten«, ein Zwang, von dem man erst »mit dem Tod« befreit wird.[18]

Eines ist sicher richtig: Es gibt nach den Konzepten der Moderne kein abgeschlossenes Wissen, und überall dort, wo es um Erkenntnis geht, um Tätigkeiten, die eng an den wissenschaftlichen Fortschritt gekoppelt sind, hört das Lernen sowenig auf wie das Forschen. Doch dieses Prinzip gilt im wesentlichen seit der Neuzeit und ist kein Kennzeichen unserer Gegenwart. Weder in den Wissenschaften noch bei den Praktiken und Techniken des Alltags galt die nun verächtlich gemachte Trennung von Lernzeit und Arbeitszeit uneingeschränkt. Richtig ist, daß ein bestimmtes, vor allem

18 Anna Tuschling: Lebenslanges Lernen. In: Ulrich Bröckling, Susanne Krasmann und Thomas Lemke (Hg.): Glossar der Gegenwart. Frankfurt/Main 2004, S. 157

auch praktisches Wissen in vorindustriellen Zeiten veränderungsresistenter war, als es gegenwärtig zu sein scheint. Und neu ist die Vorstellung, daß die sogenannten wissensbasierten Tätigkeiten nun alle Bereiche der Gesellschaft erfaßt haben und in Zukunft bestimmen werden.

In der Regel geht dieses Konzept davon aus, daß fortgeschrittene Ökonomien ausschließlich auf jenen forschungsintensiven Technologien beruhen werden, die Motor und Konsequenz der Wissensproduktion darstellen. In letzter Zeit haben sich in rascher Folge Informations-, Gen-, Bio- und Nanotechnologien als solche Hoffungsträger mehr oder weniger etablieren können. In der Tat basieren diese Technologien in hohem Maße auf wissenschaftlichem Wissen, und wer in Forschung und Entwicklung investiert, setzt auf die Expansion anwendungsorientierter Wissenschaften, deren Beschleunigung nicht nur zu jenem Wachstum des Wissens führt, das durch den Alterungsprozeß des Wissens konterkariert wird, sondern vor allem zu Vorsprüngen in der Produktion marktfähiger Technologien.

Von Wahrheit als Ziel der Wissenschaft ist nur noch am Sonntag die Rede. Ginge es in erster Linie um Erkenntnisfortschritt, nähme sich die herrschende Wettbewerbsideologie einigermaßen komisch aus. Ohne die Erfolge dieser Technologien und der ihnen zugrunde liegenden Forschungen schmälern zu wollen, fragt sich, ob die zunehmende Bedeutung des wissenschaftlich-technischen Komplexes in modernen Gesellschaften genügt, um in einem emphatischen Sinn von Wissensgesellschaft sprechen zu können.

Soll der Begriff der Wissensgesellschaft den der Industriegesellschaft ablösen – über das Ende des Kapitalismus muß wohl nicht mehr weiter gesprochen werden –, dann wird damit nicht weniger behauptet, als daß eine die Gesellschaft selbst konstituierende Produktionsform durch eine andere gesellschaftsformierende Kraft abgelöst wird. Dieser Ein-

druck kann nur entstehen, wenn man die Industriegesellschaft auf die schwarz-romantischen Bilder des frühen In-
dustriezeitalters verkürzt: Die Hochöfen, Stahlwerke und
Fabrikhallen sind in der Tat in den fortgeschrittenen Gesellschaften zu exotischen Phänomenen geworden, ganze einstige Industrieregionen wie das Ruhrgebiet sind als Zonen
industrieller Produktion verschwunden, und nichts illu-
striert diesen Transformationsprozeß anscheinend besser als
die Tatsache, daß dort, wo einstens die Hochöfen loderten,
nun computeranimierte Erlebniszonen die wissensbasierten
Dienstleistungen der neuen Gesellschaft anbieten.

Allein, der Schein trügt. Daß bestimmte Formen industrieller Arbeit nicht mehr sichtbar sind, verdankt sich vorab weniger ihrem Verschwinden als ihrer Verlagerung. Die
Öfen der Stahlindustrie, die Schlote der petrochemischen
Industrie lodern und rauchen nach wie vor, aber an anderen,
billigeren Standorten. Entscheidend aber ist, daß an der
Grundstruktur der industriellen Produktionsweise weder
die digitale Revolution noch der Fortschritt in Wissenschaft
und Technik etwas geändert haben. Eher im Gegenteil. Die
industrielle Produktionsweise beschreibt nämlich nicht, welche Rohstoffe mit welchen maschinellen Verfahren zu welchen Gütern verarbeitet werden, sondern sie definiert überhaupt eine bestimmte Form der Herstellung von Gütern
aller Art.

Diese Form läßt sich durch folgende Logik beschreiben:
Es geht um die tendenziell mechanisierte und automatisierte
Herstellung von identischen Produkten unter identischen
Bedingungen mit identischen Mitteln. Der Begriff der Industrie wurde so von Anbeginn an als Gegensatz zum Handwerk verstanden, das auf die individuelle Herstellung von
nichtidentischen Produkten unter nichtidentischen Bedingungen abzielte. Industrialisierung bezeichnet so den Prozeß der Unterwerfung menschlicher Tätigkeit unter das

identitätslogische Produktionsparadigma. In der Regel gibt es nichts, was Menschen herstellen, das sich nicht industrialisieren ließe, und je fortgeschrittener die dafür verwendeten Automatisierungstechnologien sind, desto komplexere Tätigkeiten bis hin in den Bereich der individuellen Sphären der Kommunikation, ja der Intimität lassen sich industrialisieren. Die immer leistungsfähiger werdenden Simulationstechnologien erlauben es dann zum Beispiel, einfache Akte der verbalen Informationsweitergabe – Durchsagen an Bahnhöfen oder in U-Bahnen – zu industrialisieren: Ein- und dieselbe synthetisch erzeugte Stimme reproduziert den immer gleichen Ablauf von Ansagen. Nur im Ausnahmezustand, der nicht vorhersehbar war, in der Katastrophe, schaltet sich noch die unverwechselbare Stimme eines lebenden Individuums ein, dessen Stimme dann panisch klingt oder vor Angst überhaupt versagt.

Auf der produktionslogischen Ebene waren daher nicht die monströsen Anlagen der Schwerindustrie für die seit dem 18. Jahrhundert entstehende moderne Gesellschaft entscheidend, sondern die Standardisierung, Mechanisierung und Angleichung menschlicher Arbeitsprozesse an vorgegebene Abläufe. Die Taylorisierung der Arbeit und das Fließband sind nur eine Erscheinungsform dieser Logik, vordergründig selbstbestimmte Telearbeit ist eine andere. Unter dieser Perspektive wird schnell klar, daß gegenwärtig nicht die Wissensgesellschaft die Industriegesellschaft ablöst, sondern umgekehrt das Wissen in einem rasanten Tempo industrialisiert wird.

Die euphemistisch gemeinten Stichworte der Wissensgesellschaft sprechen selbst eine verräterische Sprache. Es geht, ist etwa von Forschung und Entwicklung die Rede, um Produktionsstätten eines Wissens, das möglichst rasch in Technologien und damit in die Zone der ökonomischen Verwertbarkeit transferiert werden kann. Wer von Universitäten als

Unternehmen spricht, die, geführt von Wissensmanagern, Wissensbilanzen legen und daran gemessen werden, ob das darin offenbar gewordene Verhältnis von Input und Output rentabel erscheint, muß all jene industriellen Verfahren und die ihnen zugrundeliegenden betriebswirtschaftlichen Parameter auf das Wissen anwenden können, soll das Ganze irgendeinen Sinn ergeben.

Die Nähe zumindest naturwissenschaftlicher Verfahren zur Logik der industriellen Produktion läßt solch eine Transformation vorab durchaus plausibel erscheinen. Das naturwissenschaftliche Experiment setzt nämlich ebenfalls auf die Herstellung identischer Ergebnisse mit identischen Methoden unter identischen Bedingungen.[19] Ein Experiment gilt dann als gelungen, wenn es zumindest im Prinzip mit denselben Methoden unter denselben Randbedingungen mit denselben Ergebnissen reproduziert werden kann. Die Nähe des naturwissenschaftlichen Verfahrens zur industriellen Produktion wurde dann auch schon frühzeitig erkannt und beschrieben, und die Interaktion zwischen der Verwissenschaftlichung der Produktion und der Industrialisierung der Wissenschaft gehört zu den Standardthesen vieler Modernisierungstheorien. Wohl ist ein Labor noch keine industrielle Produktionsstätte, aber es gehorcht einer ähnlichen Logik und kann rasch zu einer solchen werden: Alle Atomreaktoren entspringen letztlich jenen Versuchsmeilern, in denen unter Laborbedingungen die Möglichkeiten der Nutzung der Kernenergie erforscht und ausgetestet wurden.

Anders mochte es ursprünglich mit jenen theoretischen Grundlagenforschungen und den Geisteswissenschaften insgesamt gewesen sein, die einem anderen Prinzip gehorchten,

---

19 Rudolf Burger: Monopolisierung und Automation: In: Rudolf Burger, Vermessungen. Essays zur Destruktion der Geschichte. Wien 1989, S. 106 f. (Anmerkung)

das mit Wilhelm von Humboldts Worten von der »Einsamkeit und Freiheit« des Gelehrten noch immer am besten beschrieben ist.[20] Überall dort, wo es um Erkenntnisse geht, die keinen standardisierten und reproduzierbaren Methoden entsprechen, weil Begabungen, Individualität und, romantisch gesprochen, Genialität eine Rolle spielen, lassen sich auch keine derartigen Verfahren für deren Gewinnung angeben und institutionalisieren. Solche Wissensproduktion ähnelt dem individualisierten Handwerk, und bis zu den Universitätsreformen waren die Hohen Schulen auch in einer Weise organisiert, die das personale Verhältnis von Meister und Lehrling zu ihren Grundbedingungen rechnete. Daß der lateinische »Magister«, durch Lautverschiebungen nur wenig entstellt, als deutsches Lehnwort zum »Meister«, als englisches zum »Master« wurde, ist kaum noch bewußt. Die im Zuge einer vermeintlichen Internationalisierung vorgenommene Ersetzung des akademischen Grades des Magisters durch den Master demonstriert so nicht nur, daß man den selbsternannten Eliten nicht einmal mehr die einfachsten etymologischen Zusammenhänge der europäischen Sprachen zumuten kann, sondern damit soll auch in den Abschlußdiplomen jene Standardisierung und generelle Reproduzierbarkeit des Wissenserwerbs indiziert werden, die Individualität gerade noch als Lokalkolorit der einander angeglichenen Wissensfabriken gelten lassen will.

Vieles, was so unter dem Titel der Effizienzsteigerung zur Reform des Bildungswesens unternommen wird, gehorcht schlicht dem Prinzip der Industrialisierung. Die vielgerühmte Modularisierung von Studien etwa stellt die Über-

---

20 Wilhelm von Humboldt: Ueber die innere und äussere Organisation der höheren wissenschaftlichen Anstalten in Berlin. In: Wilhelm von Humboldt: Werke, hg. von Andreas Flitner und Klaus Giel, Darmstadt 1980, Bd. IV, S. 255

tragung des Prinzips funktional differenzierter Fertigungshallen auf den Wissenserwerb dar, Stück für Stück werden Kurse und Lerneinheiten zu den Abschlüssen montiert. Auch die Einführung der ECTS-Punkte (Leistungspunkte) etabliert eine Norm zur Bewertung von Studienleistung, die bis in das Berechnungssystem diverser Industrienormen entspricht. Und nicht zuletzt erweisen sich das vielgerühmte Teamwork und die allerorts forcierten Forschungs- und Projektgruppen als Einrichtung von Produktionsbrigaden, denen problemlos Ziele, Steigerungsraten und Verwertbarkeitsberechnungen vorgegeben werden können und in denen nichts so sehr stört wie individuelle Abweichungen.

Sozialpsychologisch interessant ist dabei – wie auch bei ähnlichen Industrialisierungsprozessen – das Phänomen, daß Menschen, die lange – und als beamtete Professoren sogar mit staatlicher Garantie – unter den Prämissen der Souveränität und Freiheit geforscht und gelehrt hatten, ihre Eingliederung in ein hybrides Produktions- und Kontrollkonzept relativ problemlos akzeptieren. Daß sie sich durch die simple Rhetorik, die diesen Industrialisierungsprozeß unter Etiketten wie »Autonomie« und »Flexibilität« propagiert, täuschen lassen, wollen wir in Anbetracht der Intelligenz der Betroffenen – immerhin handelt es sich um die neuen Eliten – nicht annehmen. Jeder Handwerker, der mit Wehmut, Zorn und verletztem Stolz seine Werkbank gegen einen Arbeitsplatz in einer Fabrik tauschen mußte, hatte gegenüber gesellschaftlichen Wandlungen vielleicht mehr Sensibilität entwickelt als ein einstens freier Geist, der nun stolz verkündet, alles zu tun, um das Plansoll und die Ziele seines »Unternehmens« zu erfüllen.

In gewisser Weise kann diese Industrialisierung des Wissens als Nachziehverfahren eines allgemeinen Prozesses begriffen werden, der nun die letzten gesellschaftlichen Refugien erfaßt. Der »Wissensarbeiter« entpuppt sich als Phä-

42

notyp eines Wandels, der nicht dem Prinzip des Wissens, sondern dem der industriellen Arbeit gehorcht. Es ist nicht der Arbeiter, der zum Wissenden, sondern der Wissende, der zum Arbeiter wird. Wäre es anders, würde man Unternehmen in Universitäten und nicht Universitäten in Unternehmen verwandeln. Daß sich der bearbeitete Rohstoff verändert hat und nun an die Stelle von Eisen und Stahl das Genom und die zellulare Mikrostruktur treten, ändert an diesem Befund wenig, zumal wissensintensive Leichtindustrien schon in den Frühphasen der Industrialisierung eine große Rolle spielten, genauso wie die immer als Beispiel für die Wissensgesellschaft zitierten Kommunikationstechnologien. Am Stand ihrer Zeit verlangte die Telegraphie einen ähnlich hohen Aufwand an physikalischem und technischem Wissen wie die Mobiltelephonie heute; und sowenig sich der einfache Nutzer und Konsument seinerzeit vorstellen konnte, wie die Übertragung von Zeichen technisch funktioniert und auf welchen physikalischen Gesetzmäßigkeiten sie beruht, so wenig wüßte heute der Benutzer eines Mobiltelephons dessen Funktionsweise zu erklären. Die der industriellen Produktionsform inhärente Form der Arbeitsteilung sorgt dafür, daß auch der Techniker so wenig »weiß«, was er eigentlich macht, wie die Berater in den Verkaufsstellen, die den Kunden die Bedienung der Wunderdinge erklären. Wenn Menschen, die in der Mobilfunkindustrie tätig sind, Wissensarbeiter sind, dann waren dies auch die einstigen Fräuleins von der Post.

Die Rede von der Wissensgesellschaft legt, auch wenn dies nicht ausdrücklich formuliert wird, den Gedanken nahe, daß andere und frühere Gesellschaftsformationen nicht in dem Maße auf Wissen setzten wie die gegenwärtige. Plausibel wird diese Rede nur, wenn ein bestimmter Typus von Wissen dabei ins Auge gefaßt wird. Seit sich Menschen zu Sozietäten formieren und seit solche Gesellschaften Natur beobachten und bearbeiten, existiert ein diese Gesellschaften selbst strukturierendes Wissen. Dies betrifft sowohl die Kenntnisse, die für die verschiedenen Produktionsprozesse notwendig sind, als auch die symbolischen Formen, in denen sich die Menschen über sich selbst und ihren Status in der Welt verständigen. Wenn wir viele dieser Wissensformen nun als mythologisch dechiffrieren und die dazugehörigen Techniken als magische Praktiken beschreiben wollen, hören sie damit nicht auf, ein Wissen zu sein, das gewonnen, angewandt und weitergegeben werden konnte. Was die modernen Gesellschaften von solchen Formationen unterscheidet, ist der Anspruch, mit »Wissenschaft« ein Verfahren entwickelt zu haben, das die Gewinnung und Vermittlung eines intersubjektiv überprüfbaren Wissens darstellt, welches der Wirklichkeit angemessener ist als mythologische oder religiöse Weltdeutungen. Solch ein Wissen erlaubt nicht nur effizientere und komplexere Technologien, sondern es kommt ohne transzendente, metaphysische oder durch Traditionen verbürgte Zusatzannahmen aus. Es kann deshalb universal konzipiert werden, da es für dieses Wissen keiner anderen Voraussetzung bedarf als der menschlichen Vernunft.

Es ist dieser Typus von wissenschaftlichem Wissen, nicht Wissen schlechthin, der die moderne Zivilisation prägt. Unbestreitbar ist, daß nicht nur die Techniken dieser Zivilisation, sondern das Leben insgesamt zunehmend diesem Wissenstypus akkordiert werden, ungeachtet der ungebrochenen Kontinuität von magischen Praktiken, spirituellen Versprechungen, Heilslehren und Okkultismen aller Art. Diese Form einer wissenschaftlich-technischen Zivilisation entwickelt sich im Prinzip – mit nicht ganz unwesentlichen Vorspielen in der Antike – in Europa seit der Renaissance. Kaum ist die Wissensgesellschaft als Novum verkündet, finden sich deshalb auch schon die Historiker, die diese Wis-

sensgesellschaft wenigstens bis in die frühe Neuzeit zurück-
datieren und damit gehörig relativieren.[21]

Der gegenwärtige Zustand könnte unter dieser Perspektive wohl als Intensivierung und umfassende Durchsetzung
eines seit langem bekannten Prinzips aufgefaßt werden, was
wohl kaum ausreicht, um einen neuen Typ von Gesellschaft
zu kreieren. Zudem funktioniert dieses Prinzip wissenschaftlicher Rationalität, das für die Wissensgesellschaft kenn-
zeichnend sein soll, gerade einmal in den Kernbereichen der
Wissenschaft einigermaßen klaglos. Wollten wir Wissen im
Sinne der europäischen Tradition auch nur als »wahre, ge-
rechtfertige Überzeugung« bestimmen, wäre ein Gutteil dessen, was in der Wissensgesellschaft zirkuliert, kein Wissen.[22]
Schon dort, wo es um technische Umsetzungen geht, verliert sich die begründende Vernunft mitunter als Maßstab
und wird durch jene Hybris ersetzt, die die alten Mythen als
verhängnisvolles Moment der Conditio humana zu diagnostizieren wußten; und dort, wo es angeblich um die Verwissenschaftlichung von Lebens- und Kommunikationsfor-
men geht, fragt man sich allen Ernstes, ob dies in einem emphatischen Sinn noch rational genannt werden kann.

»Wissenschaftlich« ist hier oft nicht mehr als ein Etikett,
das man sich aus Gründen des damit verbundenen Prestiges
zulegt, um Glaubwürdigkeit und Erfolgschancen zu erhöhen. Unter Wissenschaftstheoretikern ist es schon um-
stritten, ob solch ehrwürdige Disziplinen wie die Ökonomie oder die Psychoanalyse überhaupt Wissenschaften sind.
Erst recht ist es fraglich, ob etwa die moderne Zukunfts-

---

21 Peter Burke: Papier und Marktgeschrei. Die Geburt der Wissensgesellschaft. Berlin 2001; Richard Dülmen/Sina Rauschenbach (Hg.): Die
   Macht des Wissens. Die Entstehung der modernen Wissensgesellschaft.
   Köln–Weimar–Wien 2004
22 Hermann Kocyba: Wissen. In: Bröckling, Glossar der Gegenwart, S. 300

und Trendforschung, an den Parametern wissenschaftlicher Rationalität gemessen, den alten Auguren und Weissagern überlegen ist; ob Werbepsychologie und Kommunikationsforschung über den Menschen und seine Beeinflußbarkeit mehr »wissen«, als in jedem antiken Handbuch der Rhetorik immer schon nachzulesen war, bleibe einmal dahingestellt. Und dort, wo eine der prosperierendsten Dienstleistungsindustrien unserer Tage am Werke ist, das Beratungsgewerbe in all seinen Facetten, von der Politik- über die Unternehmens- bis zur Gesundheits- und Lebensberatung in therapeutischer oder auch nichttherapeutischer Absicht, läßt sich mit Fug und Recht sagen, daß von der Wissenschaft nicht mehr geblieben ist als deren mitunter bis zur Karikatur aufgeblasene Gestik.

Wohl gibt auch solches Wissen vom Menschen sich die Form der Wissenschaft, ohne allerdings deren Kriterien auch nur im Ansatz genügen zu können. Mit Recht werden die führenden Experten dieser konsiliaren Veranstaltungen gerne als Gurus apostrophiert – die Klientel weiß, daß sie den Analysen und Vorschlägen einfach glauben muß, denn zu wissen gibt es dabei nichts. Mitunter ist es geradezu atemberaubend, wie leichtgläubig, naiv und in einem basalen Sinn schlicht unwissend die Protagonisten der sogenannten Wissensgesellschaft sind, wenn es darum geht, den Zeitgeist und seine Moden nicht zu verpassen. Daß sich die einstigen Zentren des Wissens, die Universitäten, zunehmend an Unternehmensberatungen wenden, um ihre Reformprozesse begleiten und strukturieren zu lassen, zeugt nicht nur von einer erbärmlichen Anpassung an die alles beherrschende Sprache des *Coaching*, *Controlling* und *Monitoring*,[23] sondern auch

---

23 Klaus Kastberger: Im Assessmentcenter. Sprache im Zeitalter von Coaching, Controlling und Monitoring. Wiener Karl Kraus Vorlesungen zur Kulturkritik. Weitra 2006

von einer Blindheit gegenüber einer Ideologie, deren kritische Demontage einstens zu den Aufgaben gesellschaftswissenschaftlichen Wissens gehört hätte. Wer zusieht, wie Universitätsfunktionäre jede noch so dumme ökonomistische Phrase aus dem Repertoire der Heilslehren des *New Management* beflissen adorieren, muß sich über die einstige Willfährigkeit der Intelligenz gegenüber anderen ideologischen und totalitären Versuchungen nicht mehr wundern.

Unbestritten bleibt bei all dem, daß vor allem für die industrielle Produktion jener materiellen Güter, die zu Indikatoren für den Status einer technologisch avancierten Gesellschaft geworden sind, ein hoher Forschungsaufwand bestritten werden muß. Ob sich dieser immer lohnt, oder ob dieser an sich einzig produktive Sektor der sogenannten Wissensgesellschaft nicht auch zahlreiche Leerläufe erzeugt, die keinen anderen Sinn haben, als zur Bestätigung von Wettbewerbsfähigkeit hektische Forschungstätigkeiten zu simulieren, wäre durchaus diskussionswürdig. Aber auch wenn die Forschung und die daraus abgeleiteten technischen Innovationen einen wesentlichen Faktor der ökonomischen Perspektiven und alltäglichen Lebenswirklichkeit einer Gesellschaft ausmachen sollten, muß dies noch kein gravierender Grund sein, von einer Wissensgesellschaft zu sprechen. Mögen die Statistiker der OECD immer wieder hohe Akademikerquoten fordern, und mag man durch die Einführung von Kurzstudien und Senkung der Niveaus auch versuchen, diese Quoten zu erreichen, so werden weder die Wissenschaftler zu einer dominierenden sozialen Schicht noch die wissenschaftliche Rationalität zu einer den Alltag bestimmenden Denkform.

Panajotis Kondylis hat einmal die These formuliert, daß »bei einem sehr hohen Produktivitätsniveau die technische Rationalität zu einer Sache einer Minderheit« werden könnte, ohne daß dies den Akteuren dieser Rationalität eine besondere gesellschaftliche Rolle zuwiese: Die Wissenschaftler und Techniker einer fortgeschrittenen Gesellschaft könnten einmal denselben Status haben wie heute die Bauern und Landwirte – wohl sorgen diese als Minderheit für die Ernährung und Versorgung der Gesellschaft, niemand jedoch würde ihnen deshalb eine besondere politische, kulturelle oder soziale Stellung zubilligen.[24] Möglich, daß Wissenschaft und Technik zu einer selbstverständlichen Dienstleistung mutieren, die in hohem Maße nach den Standards der Industriegesellschaft auf dem jeweils herrschenden technischen Niveau angeboten werden, ohne daß daraus für den Charakter und die Funktionsweise dieser Gesellschaft nennenswerte Konsequenzen abzuleiten wären.

Gerade daß die modernen Wissenschaften seit ihrer Etablierung unter unterschiedlichsten gesellschaftlichen Bedingungen klaglos funktionierten – im liberalen Amerika so gut wie im nationalsozialistischen Deutschland, in der stalinistischen Sowjetunion so gut wie im autoritären China –, sollte vorsichtig gegenüber der These stimmen, daß es die Produktion, Verteilung und Verwertung von Wissen selbst ist, die die Kraft haben könnten, eine Gesellschaft zu formieren. Wohl mag es Bedingungen geben, die dem wissenschaftlichen Ehrgeiz und dem Prozeß der theoretischen Neugierde günstiger gestimmt sind als andere, aber wenig spricht dafür, die Epoche der Industrialisierung des Wissens ausgerechnet eine Wissensgesellschaft zu nennen. Eher wäre von einer Zeit zu sprechen, in der die Unterwerfung des Wissens unter die Parameter einer kapitalistischen Ökonomie, die nur dort dem Wissen gegenüber freundlich agieren wird, wo dieses entweder unmittelbar verwertet werden kann oder zu-

---

24 Panajotis Kondylis: Der Niedergang der bürgerlichen Denk- und Lebensformen. Die liberale Moderne und die massendemokratische Postmoderne. Weinheim 1991, S. 295

mindest kostenneutral nicht weiter stört, endgültig vollzogen wird. Unter diesen Bedingungen wird das Wissen selbst
entmündigt. Mit dem, was eine andere Zeit »Bildung« genannt hatte, hat, aller Beschwörung des Bildungsbegriffes
zum Trotz, das Wissen der Wissensgesellschaft wenig bis gar
nichts mehr zu tun.

3.

Bildung, Halbbildung, Unbildung

WISSEN ist Macht. Mit diesem Satz von Francis Bacon beginnt das Projekt der Moderne. Wissenschaftliches Wissen und die ihm angeschlossenen Technologien ersetzen seitdem auf allen Ebenen die traditionellen Instanzen der Weltdeutung und Weltbewältigung: Religionen, Kulte, Mysterien, Mythen, Magien und Ideologien. In keinen Bereich des Lebens wurde seit der Entwicklung moderner Gesellschaften soviel Hoffnung gesetzt wie in den der Bildung. Bildung war die Utopie des Kleinbürgers, daß es zwischen Lohnarbeit und Kapital noch eine dritte Existenzform geben könnte, Bildung war die Hoffnung der Arbeiterklasse, durch Wissen jene Macht zu erringen, die ihr die mißlungenen oder ausgebliebenen Revolutionen verwehrt hatten, Bildung war und ist das Vehikel, mit dem Unterschichten, Frauen, Migranten, Außenseiter, Behinderte und unterdrückte Minderheiten emanzipiert und integriert werden sollen, Bildung gilt als begehrte Ressource im Kampf um die Standorte der Informationsgesellschaft, Bildung ist das Mittel, mit dem Vorurteile, Diskriminierungen, Arbeitslosigkeit, Hunger, Aids, Inhumanität und Völkermord verhindert, die Herausforderungen der Zukunft bewältigt und nebenbei auch noch Kinder glücklich und Erwachsene beschäftigungsfähig gemacht werden sollen. Gerade weil dies alles nicht geht, wurde und wird in kaum einem Bereich soviel gelogen wie in der Bildungspolitik.[25]

Bildung wurde zur Ideologie säkularer Gesellschaften, die weder auf religiöse Transzendenz noch auf revolutionäre Immanenz setzen können; Bildung war so von Anfang an ein Motor für die Modernisierungsschübe, gleichzeitig aber auch ein falscher Trost für die schamlos so genannten Modernisierungsverlierer, die, weil ohne Bildung, damit auch an ihrem Schicksal selber schuld waren; Bildung fungiert als Stimulus und Beruhigungsmittel in einem: Sie mobilisiert die Menschen und hält sie, als permanentes Versprechen für bessere Zeiten, das als drohender Imperativ wirkt, gleichzeitig davon ab, sich zu mobilisieren; Bildung darf gar nicht gelingen, weil dann ihre Beschränktheit deutlich würde: Sie taugt nicht zur Kompensation verlorener Utopien, und sie ist schon gar kein Garant für das reibungslose Funktionieren effizienzorientierter Ökonomien. Deshalb sind Bildungseinrichtungen auch permanent in der Krise, müssen in regelmäßigen Abständen drohende Bildungskatastrophen ausgerufen werden, steigt gerade wegen permanenter Reform der Reformdruck auf Bildungssysteme.

Die alten Bildungsbegriffe und Bildungsinstitutionen, so hört man, müssen durch neue abgelöst werden. Die Aufgaben von Schulen und Universitäten hätten sich gewandelt. Man tut, als müsse man am Beginn des 21. Jahrhunderts gegen die verstaubten Bildungsideale des 19. Jahrhunderts kämpfen. Kein wirtschaftsnaher Universitätsreformer, der nicht Humboldt an den Kragen will, das Faktenwissen aus den Schulen verbannen möchte und statt bildungsbürgerlicher Kopflastigkeit Praxisnähe und Flexibilität einfordert. Wenngleich dem neoliberalen Diskurs abhold, stimmen auch die letzten romantischen Reformpädagogen gerne in diese Kritik ein, nur möchten sie statt Leistung und Kon-

→ Weg von Humboldt hin zu Handlung!

25 Zum selbstillusionierenden Vokabular der Bildungsbranche vgl. neuerdings Agnieszka Dzierzbicka/Alfred Schirlbauer (Hg.): Pädagogisches Glossar der Gegenwart. Von Autonomie bis Wissensmanagement. Wien 2006

kurrenzfähigkeit lieber Integration, Emotionalität und die Abschaffung der Noten an den Schulen. Allmählich greift die Einsicht um sich, daß nicht die Humboldtschen Bildungsideale, sondern die seit den sechziger Jahren in rascher Abfolge initiierten Bildungsreformen für die derzeitigen Schwächen des Bildungssystems verantwortlich sind.

Die Situation ist widersprüchlich. Während auf der einen Seite die schon wieder unzeitgemäßen Reformpädagogen noch rasch versuchen, vom »Jahrhundert des Kindes« zu retten, was zu retten ist, arbeiten die modernen Bildungsreformer unter dem Stichwort »Praxisnähe« eifrig an der Wiedereingliederung der Halbwüchsigen in den Arbeitsprozeß; während auf der einen Seite noch von sozialem Lernen, Motivation, gezielter Koedukation und fachspezifischer Geschlechtertrennung zur Unterstützung von Mädchen die Rede ist, propagieren die anderen flächendeckende, geschlechtsneutrale und beinharte Leistungstests, um die Bildungsstandortfrage zu klären; während die einen noch immer von der Schule als Idylle des solidarischen Miteinander und der konfliktfreien Integration träumen, können die anderen gar nicht genug bekommen von Wettbewerb, Konkurrenz, Tests, internationalen Rankings, Evaluationen, Qualitätssicherungsmaßnahmen und effizienzorientierten Kursen; während die einen noch vom Fördern reden, fordern die anderen längst wieder das Fordern. Es liegt auf der Hand, daß alles nicht zu bekommen sein wird. Die Bildungsdebatten der Gegenwart sind gekennzeichnet von großangelegten Selbstbetrugsmanövern.

Was die Bildungsreformer aller Richtungen eint, ist ihr Haß auf die traditionelle Idee von Bildung. Daß Menschen ein zweckfreies, zusammenhängendes, inhaltlich an den Traditionen der großen Kulturen ausgerichtetes Wissen aufweisen könnten, das sie nicht nur befähigt, einen Charakter zu bilden, sondern ihnen auch ein Moment von Freiheit gegenüber den Diktaten des Zeitgeists gewährt, ist ihnen offenbar ein Greuel. Gebildete nämlich wären alles andere als jene reibungslos funktionierenden flexiblen, mobilen und teamfähigen Klons, die manche gerne als Resultat von Bildung sähen.

Wer sich auf der Höhe der Zeit wähnt, spricht deshalb heute nicht mehr von Bildung, die sich immer an einem Individuum und der Entfaltung seiner Potentiale orientierte, sondern von »Wissensmanagement«. Nicht um Bildung geht es, sondern um ein Wissen, das wie ein Rohstoff produziert, gehandelt, gekauft, gemanagt und entsorgt werden soll, es geht – sieht man von den Sonderprogrammen für die neuen Wissenschaftseliten einmal ab – um ein flüchtiges Stückwerkwissen, das gerade reicht, um die Menschen für den Arbeitsprozeß flexibel und für die Unterhaltungsindustrie disponibel zu halten. Die Differenz zwischen den avancierten Formen wissenschaftlicher Erkenntnisse und dem allgemeinen Bildungsstand dürfte deshalb auch nicht kleiner, sondern eher größer werden. *Wissen als Ware*

Den regelmäßig ausgerufenen Bildungskatastrophen stehen so die großen Bildungslügen gegenüber. Mit großen Worten täuschen diese über die wahren Möglichkeiten und Zwecke von Bildung hinweg. Während Wissen als die sich rasend vermehrende Ressource der Zukunft verkauft wird, wovon die dumme Metapher der Wissensexplosion zeugt, nimmt das allgemeine Wissen in atemberaubendem Tempo ab. Die Bildungslücken der sogenannten politischen Eliten bei einfachsten historischen oder kulturgeschichtlichen Fragen sind eklatant, und der Triumph des Meinungsjournalismus ist die Kehrseite der Tatsache, daß niemand mehr etwas weiß. Der Glaube an die Datenablagerungen auf den Festplatten ersetzt das Denken, die Ubiquität von Informationen in den Datennetzen suggeriert eine Demokratisierung des Wissens, wo doch nur dessen großflächige Einebnung zu konstatieren ist. »Was alle wissen«, schrieb Nietzsche,

»wird von allen vergessen.« Und er setzte hinzu: »[...] gäbe es keine Nacht, wer wüßte noch, was Licht wäre!«[26] Wenn Wissen Macht ist, wird es nicht dort zu finden sein, wo alle sind. Und wenn es dort ist, wird es keine Macht mehr sein.

»Bildung« selbst ist in der sogenannten Wissens- und Informationsgesellschaft zu einem diffusen Begriff geworden, mit dem der Erwerb und die Vermittlung unterschiedlicher Kenntnisse und Qualifikationen ebenso benannt werden können wie die dazugehörigen Institutionen und Verfahren. Mit dem ursprünglichen Bedeutungsfeld von »Bildung« hat dies wenig zu tun. Das ist nicht zufällig so. In der Tat zeichnet sich im Bildungsbereich in den letzten Jahren ein bemerkenswerter Paradigmenwechsel ab.

Die am antiken Ideal und am humanistischen Konzept orientierte Bildung galt in erster Linie als Programm der Selbstbildung des Menschen, eine Formung und Entfaltung von Körper, Geist und Seele, von Talenten und Begabungen, die den einzelnen zu einer entwickelten Individualität und zu einem selbstbewußten Teilnehmer am Gemeinwesen und seiner Kultur führen sollte. Gleichzeitig galt Bildung als einzige Möglichkeit, den Menschen aus der Barbarei in die Zivilisation, aus der Unmündigkeit in die Autonomie zu leiten. Maßstab und Ausdruck dafür war die Auseinandersetzung mit paradigmatischen Inhalten, die weder einem Zufallsprinzip noch dem Diktat einer aktuellen Verwertbarkeit gehorchten. Die Bedeutung etwa der alten Sprachen, der literarische Kanon, die Kenntnis der philosophischen, ästhetischen, kulturellen und religiösen Überlieferung orientierten sich an einem Konzept von »Geist«, wie es Georg Wilhelm Friedrich Hegel in seiner Philosophie exemplarisch

---

26 Friedrich Nietzsche: Nachgelassene Fragmente. Kritische Studienausgabe (KSA), hg. von Giorgio Colli und Mazzino Montinari. München 1980, Bd. 10, S. 419

vorgeführt hat. Kunst, Religion und Wissenschaft erscheinen bei ihm als jene Objektivationen des Geistes, in denen sich das artikuliert, was über das Zufällige und Subjektive hinausgeht und als Anspruch einer verbindlichen Wahrheit zentral für jeden Bildungsprozeß ist. Bildung stellt so immer eine Vermittlungsarbeit zwischen den je individuellen Entfaltungsmöglichkeiten und den Anforderungen des Allgemeinen, den Verbindlichkeiten des objektiven Geistes dar.

Für Wilhelm von Humboldt, das Feindbild aller Bildungsreformer, war Bildung schlicht die »letzte Aufgabe unseres Daseyns«, und er bestimmte diese in seiner *Theorie der Bildung des Menschen* mit einem denkwürdigen Satz: »Dem Begriff der Menschheit in unserer Person, sowohl während der Zeit unseres Lebens, als auch noch über dasselbe hinaus, durch die Spuren des lebendigen Wirkens, das wir zurücklassen, einen so großen Inhalt, als möglich, zu verschaffen«, eine Idee, die nichts anderes bedeutete als eine »Verknüpfung unsres Ichs mit der Welt zu der allgemeinsten, regesten und freiesten Wechselwirkung«. Dieses Konzept wollte das zu einem Bildungsprogramm machen, was nach Humboldt das Streben des Menschen überhaupt auszeichnet. In seiner »Endabsicht betrachtet«, ist das erkennende Denken des Menschen immer nur »ein Versuch seines Geistes, vor sich selbst verständlich« zu werden, sein Handeln ist eine Anstrengung seines Willens, »in sich frei und unabhängig zu werden«, und seine »Geschäftigkeit« erweist sich als das Streben, nicht in sich müßig bleiben zu müssen. Der Mensch ist ein aktives Wesen, und da alles Handeln und Denken einen Gegenstand haben muß, versucht der Mensch »soviel Welt als möglich zu ergreifen und so eng, als er nur kann, mit sich zu verbinden«.[27]

27 Wilhelm von Humboldt: Theorie der Bildung des Menschen. In: Werke, Bd. I, S. 235

An diese Sätze Humboldts ist zu erinnern, weil sie dokumentieren, daß Weltabgewandtheit gerade nicht den Kern der Humboldtschen Bildungsidee ausmacht – im Gegenteil. Welt erkennen, Welt aneignen, über die Natur verfügen: Das Programm der modernen wissenschaftlichen Welterschließung und Naturbeherrschung findet darin ebenso seinen Platz wie das geschäftige Treiben – aber nicht als letzte Ziele, sondern als Mittel zur Erreichung jener Endabsicht, die durch Bildung verfolgt wird – Selbsterkenntnis und Freiheit. Alles Wissen gewinnt seinen Sinn durch diese Bestimmung. Der Geist des Menschen will sich besser verstehen, und alle Wissenschaft und Technik sollen den Menschen in seinem Handeln freier machen.

Fraglos sind die Schwundstufen dieses Konzepts auch in der Wissensgesellschaft noch spürbar. Noch die Aufregungen über die Ergebnisse der Hirnforschung zehren vom Programm der Selbsterkenntnis, und zumindest als Ideologie kommt keine technische Innovation ohne den Hinweis aus, daß dadurch die Optionen und Handlungspotentiale der Menschen erhöht werden. Der Einspruch, den etwa Günther Anders gerade im Namen von Freiheit und Selbsterkenntnis gegen die moderne Technik erhoben hat, weil deren avancierte Anwendung und Umsetzung die ursprünglichen Intentionen in ihr Gegenteil verkehren und aus einem Medium, einem Mittel, der alles beherrschende Zweck wird, versuchte vergeblich, die Bildungsidee vor jenen Instanzen zu retten, die im Namen der Freiheit und im Namen der Erkenntnis diese zynisch liquidieren.[28]

Humboldts Überlegungen, um 1793 entstanden, sahen in der Bildung das Ineinander von Allgemeinem und Besonderem, von Individuum und Gemeinschaft am Werk, die

---

28 Günther Anders: Die Antiquiertheit des Menschen I+II. München 1956 bzw. 1980

Formung und Entfaltung eines Subjekts nach allen Seiten durch Aneignung und Beförderung dessen, was das 18. Jahrhundert emphatisch Menschheit nannte. Resultat dieser Bildungsidee waren das humanistische Gymnasium und die Humboldtsche Universität, beide in Mißkredit, nahezu seit es sie gibt. Humanistische Bildung – und eine andere gibt es nicht – bedeutete allerdings nicht eine allgemeine oder unverbindliche Ausrichtung an den Ideen der Humanität, der Menschlichkeit oder der Menschenwürde. Diese Vorstellungen sind für den Neuhumanismus streng gebunden an das Studium der antiken Sprachen, namentlich des Altgriechischen, und der antiken Kultur.

Zumindest bei Humboldt, der sich als Bildungstheoretiker und Reformer am intensivsten mit diesem Programm identifiziert hatte, geschieht dies nicht aus einer kritiklosen, idealistischen Verehrung des Alten, sondern aus guten Gründen. In seinem bedeutenden Aufsatz *Über das Studium des Altertums, und des griechischen insbesondre* aus dem Jahre 1793 heißt es dazu unter anderem: »Ein den Griechischen Charakter vorzüglich auszeichnender Zug ist […] ein ungewöhnlicher Grad der Ausbildung des Gefühls und der Phantasie in einer noch sehr frühen Periode der Kultur, und ein treueres Bewahren der kindlichen Einfachheit und Naivetät in einer schon ziemlich späten. *Es zeigt sich daher in dem Griechischen Charakter meistentheils der ursprüngliche Charakter der Menschheit überhaupt,* nur mit einem so hohen Grade der Verfeinerung versezt, als vielleicht nur immer möglich sein mag […] Das Studium eines solchen Charakters muss in jeder Lage und jedem Zeitalter allgemein heilsam auf die menschliche Bildung wirken, da derselbe gleichsam die Grundlage des menschlichen Charakters überhaupt ausmacht. Vorzüglich aber muss es in einem Zeitalter, wo durch unzählige vereinte Umstände die Aufmerksamkeit mehr auf Sachen, als auf Menschen, und mehr auf

Massen von Menschen, als auf Individuen, mehr auf äussren Werth und Nuzen, als auf innere Schönheit und Genuss gerichtet ist, und wo hohe und mannigfaltige Kultur sehr weit von der ersten Einfachheit abgeführt hat, heilsam sein, auf Nationen zurükzublikken, bei welchen diess alles beinah gerade umgekehrt war.«[29]

Den Gedanken, auf den es ihm ankam, hat Humboldt deutlich hervorgehoben: Die Kultur der Griechen hat einen bildungstheoretischen Vorrang, weil diese Kultur paradigmatisch für den Charakter der Menschheit überhaupt genannt werden kann und weil sie in ihrer Konzentration auf innere Schönheit und ästhetischen Genuß dem Verwertungsdenken der Moderne einen kritischen Spiegel vorhalten kann. Die doppelte Bedeutung des Humanismus kommt dabei klar zum Ausdruck: Es geht der humanistischen Bildung um die Kenntnisse jener komplexen Formen und Gestalten, in denen sich Menschsein realisieren kann; da es aber unmöglich ist, diese Vielfalt empirisch und historisch umfassend auch nur halbwegs vollständig zu studieren, schlägt Humboldt eine Methode vor, die durchaus modern erscheint: das exemplarische Lernen.

Exemplarisch lernen kann man aber nur dort, wo tatsächlich etwas modellhaft und in besonderem Maße typisch ausgebildet erscheint. Die Grundthese des Neuhumanismus ist also, daß sich die Bedeutsamkeit des Menschen gerade in seiner Vielfalt und Potentialität an jener Kultur am besten studieren läßt, die selbst erstmals den Menschen als Individuum in das Zentrum ihrer ästhetischen, politischen und moralischen Bemühungen gesetzt hatte. In der griechischen Antike sah Humboldt noch ein Interesse am Menschen selbst verwirklicht, das in anderen Kulturen, in denen der Mensch externen Mächten untergeordnet wurde, also

29 Humboldt, Werke, Bd. II, S. 18 f.

fremdbestimmt war – sei es durch die Religion, sei es durch das Diktat der Politik oder der Ökonomie in der Moderne – nicht mehr in demselben Maße gegeben war. Über den Charakter des Menschen, über seine Möglichkeiten und Grenzen und vor allem über seine Individualität und Einzigartigkeit ließen sich so für Humboldt am Beispiel der Griechen noch immer die entscheidenden Einsichten gewinnen, weil in dieser Kultur zuallererst der Mensch als Selbstzweck, als autonomes Subjekt am Horizont der kulturellen und geistigen Auseinandersetzung aufgetaucht war.

Unter dieser Perspektive umschreibt Bildung schlechthin das Programm der Menschwerdung durch die geistige Arbeit an sich und an der Welt. Das allerdings bedeutet auch die paradigmatische Aneignung von Wissen über sich und die Welt sowie die sinnvolle Auseinandersetzung mit diesem Wissen. Die Idee der Wissenschaft als die geistige Durchdringung der Welt um der Erkenntnis willen ist von der emphatischen Idee von Bildung nicht zu trennen. Bei Hegel schließlich sind Bildung, Reflexion, wissenschaftliches Wissen und Erkennen überhaupt Begriffe, die erst im Bezug aufeinander ihren Sinn ergeben. Die *Phänomenologie des Geistes* etwa läßt sich als ein Bildungsprozeß lesen, der nicht nur die Entwicklung eines individuellen Bewußtseins, sondern auch das der Gattung in seiner geschichtlichen Entfaltung nachzeichnet und reflektiert, damit aber selbst den eigentlichen Bildungsprozeß darstellt. Bildung ist dem Geist nichts Äußerliches, sondern das Medium, in dem er sich überhaupt erst realisieren kann. Geist ist, was sich bildet, und nur was sich bildet, kann Geist genannt werden. Daß der Begriff des Geistes aus den modernen Wissenschaften und Kulturkonzepten mit durchaus triumphierender Geste verabschiedet wurde, läßt sich unter dieser Perspektive als ein erklärter Wille zum Verzicht auf Bildung lesen.

Es stellt keinen Einwand gegen die humanistische Bildungskonzeption dar, daß sich diese organisatorisch nur mangelhaft verwirklichen konnte und als Ideal schlechterdings unerreichbar blieb. Mit Hegel ließe sich dazu immer sagen: Um so schlimmer für die Wirklichkeit. Das Scheitern des humanistischen Bildungsanspruchs hatte allerdings schon der junge Friedrich Nietzsche konstatiert, als er, als Professor für alte Sprachen soeben an die Universität Basel berufen, im Jahr 1872 in öffentlichen Vorträgen *Über die Zukunft unserer Bildungsanstalten* räsonierte. Nietzsche konstatierte eine unendliche Differenz zwischen den Anmaßungen, denen sich eine humanistische Schule mehr oder weniger freiwillig aussetzte, und ihrer, daran gemessen, nur allzu erbärmlichen Realität. Dem Anspruch nach will die höhere Schule »Bildung« vermitteln, gar »klassische Bildung«, in der Realität aber sah die Sache für den jungen Philologen anders aus: »Das Gymnasium [erzieht] nach seiner ursprünglichen Formation nicht für die Bildung, sondern für die Gelehrsamkeit und [es nimmt] neuerdings die Wendung, als ob es nicht einmal mehr für die Gelehrsamkeit, sondern für die Journalistik erziehn wolle.«[30]

Was Nietzsche befürchtete, ist natürlich längst eingetreten: Das Gymnasium erzieht mittlerweile nicht nur zur Journalistik, sondern auch mit Hilfe der Journalistik. Medien im Unterricht heißt das dann.

Allerdings war Nietzsches Diktum keine Anklage, sondern ein Befund. Das Humboldtsche Gymnasium verfehlte schlicht sein Ziel, weil dieses unerreichbar schien: »Eine wahrhaft ›klassische Bildung‹ ist etwas so unerhört Schweres und Seltenes und fordert eine so complizirte Begabung, daß es nur der Naivetät oder der Unverschämtheit vorbehalten ist, diese als erreichbares Ziel des Gymnasiums zu

30 Nietzsche, KSA 1, S. 677

versprechen.«[31] Von Allgemeinbildung, Bildung überhaupt läßt sich mittlerweile Ähnliches sagen. Und eine Mischung aus Naivität und Unverschämtheit kennzeichnet nach wie vor jeden allgemeinen Bildungsanspruch. Das eigentlich Verstörende an Nietzsche war und ist schlicht die Behauptung, daß Bildung an Individuation gebunden und nicht verallgemeinerungsfähig ist. Wird dies dennoch versucht, so sind für Nietzsche die unausweichlichen Konsequenzen klar: »Die allergemeinste Bildung ist eben die Barbarei.«[32] Wie wenige hat Nietzsche die Hände in die Wunde der Idee der Allgemeinbildung gelegt. Sofern es dieser um das Individuum und seine Entfaltung geht, läßt sie sich nicht verallgemeinern. Dort, wo sie tatsächlich zu einer allgemeinen Bildung wird, muß sie sich dem einzelnen und seinen Möglichkeiten gegenüber gemein verhalten. Kein höheres Bildungswesen, das von diesem Widerspruch frei geblieben wäre.

Das alles bedeutet nicht, daß es nicht Stätten der Ausbildung geben kann, ja geben muß, in denen Menschen auf Berufe, auf mehr oder weniger stereotype Handlungs- und Arbeitsabläufe vorbereitet und in sozialen und kommunikativen Kompetenzen ausgebildet werden. Das wußte schon Nietzsche: »Ich für meinen Theil kenne nur einen wahren Gegensatz, *Anstalten der Bildung* und *Anstalten der Lebensnoth*: zu der zweiten Gattung gehören alle vorhandenen, von der ersten aber rede ich.«[33] Anstalten der Lebensnot sind unsere Schulen in einem weit über Nietzsches Kritik hinausgehenden Sinn: Die Not des Lebens zwingt sie mittlerweile dazu, alles an Aufgaben anzunehmen, was an sie herangetragen wird: Ersatz für zerfallende Familien, letzter

31 Nietzsche, KSA 1, S. 682
32 Nietzsche, KSA 1, S. 668
33 Nietzsche, KSA 1, S. 717

Ort emotionaler Kommunikation, Drogen- und Aidspro-phylaxeinstitution, erster Therapieplatz, Hort der sexuellen und sonstigen Aufklärung, Problemlösungsanstalt für die Fragen der Erwachsenenwelt von der Umweltverschmut-zung bis zu den Kriegen, von der Integration der Migranten bis zum Kampf der Kulturen, vom Elend der dritten Welt bis zur europäischen Wettbewerbsideologie, den rasanten Entwicklungen einer wachstumsorientierten Ökonomie und Technologie hilflos ausgeliefert, immer von den neuesten Errungenschaften der Technik überfordert und immer hin-terherhinkend, vom Anspruch, kognitives Wissen für alle zu vermitteln und dabei ohne Selektionsdruck zu selegieren, förmlich zerrissen. Aber, und da ist Nietzsches Wort ernst zu nehmen: Nicht alles, wozu die Not zwingt, ist deshalb eine Tugend.

Stätten der Bildung waren für Nietzsche der »Gegensatz« zu Anstalten der Lebensnot. Orte, die nicht von den Dürf-tigkeiten und Bedürftigkeiten des Lebens geprägt sind, Orte der Freiheit deshalb, weil diejenigen, die sich dort als Leh-rende und Lernende befinden, frei sind vom Zwang zur Nützlichkeit, zur Praxisrelevanz, zur Lebensnähe, zur Ak-tualität – mit einem Wort: Es waren die Orte der Muße. Da-mit hatte Nietzsche der Schule nur ihren ursprünglichen Wortsinn zurückgegeben. *Schule* läßt sich über das lateini-sche *schola* auf das griechische *scholé* zurückführen und meinte ursprünglich ein »Innehalten in der Arbeit«. Die Weisheit der Sprache ist oft eine größere, als es sich unsere sprachvergessene Kultur träumen läßt: Eine Schule, die auf-gehört hat, ein Ort der Muße, der Konzentration, der Kon-templation zu sein, hat aufgehört, eine Schule zu sein. Sie ist eine Stätte der Lebensnot geworden. Und in dieser domi-nieren dann die Projekte und Praktika, die Erfahrungen und Vernetzungen, die Exkursionen und Ausflüge. Zeit zum Denken gibt es nicht.

Im Zentrum der kontemplativen Bildungsstätte aber stehen für Nietzsche nicht Inhalte, sondern – darin ist er ganz modern – zwei »Vermögen«, heute Kompetenzen genannt: Sprechen und Denken. Und hier lagen für ihn auch die Defizite der sogenannten Bildungsstätten seiner Zeit: »In Summa: das Gymnasium versäumt bis jetzt das allererste und nächste Objekt, an dem die wahre Bildung beginnt, die Muttersprache: damit fehlt ihm der natürliche fruchtbare Boden für alle weiteren Bildungsbemühungen.«[34]

Sprachkompetenz hat bei Nietzsche nichts damit zu tun, daß das juvenile Subjekt in einem restringierten Code seine unmittelbaren Bedürfnisse artikulieren darf, sondern mit Stil, Rhetorik, Dichtung, dem Maß der klassischen Literatur und der Unterwerfung unter dieses, und dies alles mit dem Bewußtsein, daß in und durch die Sprache der einzelne der Gemeinschaft genauso wie der Geschichte, dem Gegenstand genauso wie seinem Inneren verbunden ist – und wo die Sprache verludert, verschlampen auch diese Beziehungen. Deshalb kann Nietzsche, Karl Kraus antizipierend, den Gymnasien seiner Zeit höhnisch zurufen: »Nehmt eure Sprache ernst! … Hier kann sich zeigen, wie hoch oder wie gering ihr die Kunst schätzt und wie weit ihr verwandt mit der Kunst seid, hier in der Behandlung unserer Muttersprache. Erlangt ihr nicht so viel von euch, vor gewissen Worten und Wendungen unserer journalistischen Gewöhnungen einen physischen Ekel zu empfinden, so gebt es nur auf, nach Bildung zu streben …«[35]

Der physische Ekel vor der journalistischen Sprache: Welcher Pädagoge wagte es noch, dies als das erste Bildungsziel des Deutschunterrichts, ja der höheren Bildungsanstalten überhaupt zu formulieren? Gemeint ist nicht nur der

34 Nietzsche, KSA 1, S. 683
35 Nietzsche, KSA 1, S. 676

Brechreiz, der einen notgedrungen beim Anblick gewisser Hochglanzmagazine befällt, sondern daß sich dieser Reiz auch bei der Lektüre von sogenannten Qualitätszeitungen mitunter einzustellen hätte. Sprache im Sinne Nietzsches ernst zu nehmen bedeutete überdies, sie in ihrer syntaktischen Differenziertheit und semantischen Ausdrucksbreite zu beherrschen, auch den Respekt vor ihrer Geschichte, die Achtung ihrer gewordenen Struktur, die deshalb ein getreuliches Spiegelbild der Entwicklung einer Kultur ist und deren Höhen ebenso aufbewahrt wie deren Tiefen. Das konnte und kann natürlich nie bedeuten, die Sprache auf einem Entwicklungsstand einfrieren zu wollen – Nietzsche, selbst ein Sprachschöpfer von Rang, wäre solches nie in den Sinn gekommen. Das kann aber auch nicht bedeuten, die Ausdrucks- und Differenzierungsmöglichkeiten der Sprache jedem beliebigen Modernismus und jeder zeitgeistigen Reformattitüde zu opfern, wie fortschrittlich und globalisiert sich diese auch immer geben mag.

Und das Denken? Nietzsche konnte in *Menschliches, Allzumenschliches* noch ebenso schlicht wie aufreizend schreiben: »Die Schule hat keine wichtigere Aufgabe, als strenges Denken, vorsichtiges Urtheilen, consequentes Schliessen zu lehren: desshalb hat sie von allen Dingen abzusehen, die nicht für diese Operationen tauglich sind, zum Beispiel von der Religion. Sie kann ja darauf rechnen, dass menschliche Unklarheit, Gewöhnung und Bedürfniss später doch wieder den Bogen des allzustraffen Denkens abspannen.«[36] Abgesehen von der Invektive gegen die Religion, in der Nietzsche natürlich recht hat – als Glaube ist die Religion keine Sache des Denkens, deshalb kann es in einer wirklichen Bildungsstätte nur eine religionswissenschaftliche Propädeutik, die in alle großen religiösen Systeme einführt, geben, aber

36 Nietzsche, KSA 2, S. 220

keinen konfessionell gebundenen Religionsunterricht –, zeigt sich in diesen Überlegungen auch eine Menschenkenntnis, die heute viele angebliche Menschenfreunde oft schmerzlich vermissen lassen: Gerade weil die Alltäglichkeit des Lebens die Genauigkeit des Denkens, die nur in der Muße, im relativ sorgenfreien Spiel gedeihen kann, wieder abschleifen wird, kann diese guten Gewissens in der Schule geübt werden.

Heute pflegt man aus diesem Befund den gegenteiligen Schluß zu ziehen: Was nicht immer schon der Praxis verschwistert und durch diese abgeschliffen ist, braucht erst gar nicht gelernt zu werden. Daher der Haß auf Fächer, in denen Formen des Denkens erfahren und geübt werden können, die keinen unmittelbaren Bezug zu einer Praxis haben: alte Sprachen, Philosophie, Mathematik, klassische Literaturen, Kunst und Musik. Alle Versuche, diesen Fächern ihre Legitimität zu bewahren, indem auf deren Nützlichkeit für das anstrengende Leben in der Wettbewerbsgesellschaft verwiesen wird, mögen bemüht sein, sie sind letztlich aber nur peinlich.

Nietzsches Kritik der Bildungsanstalten hatte allerdings auch eine politische Komponente: Sie traf den sozialen Träger dieser Einrichtungen, das Bildungsbürgertum. Tatsächlich war das Bildungsbürgertum, das, sich zumindest theoretisch auf die Philosophie und Pädagogik des deutschen Idealismus stützend, seinen mangelnden ökonomischen Besitz und seine geringe politische Macht durch den Besitz von und die Verfügungsgewalt über Bildungsgüter kompensierte, jene soziale Schicht, die der Idee der klassischen Bildung wenigstens zeitweise eine wie auch immer prekäre Realität verschafft hatte. Die große Bedeutung, die die staatlichen Bürokratien vor allem in den deutschen Landen und in der Habsburgermonarchie im 19. Jahrhundert bekamen, schuf mit dem gehobenen Ministerialbeamten einen Prototyp dieser Facette des Bürgertums, der Siegeszug der modernen Wissenschaften mit dem beamteten Universitätsprofessor einen anderen.

Dem Bildungsbürgertum galt die Bildung nicht so sehr als Voraussetzung für ökonomischen Erfolg, denn als ein Wert an sich, dessen Aneignung mit entsprechender sozialer und pekuniärer Anerkennung honoriert werden sollte. Kern des bürgerlich-humanistischen Bildungsbegriffs war der Kanon an exemplarischen Werken der Literatur, der Kunst, der Musik und Philosophie gewesen, mit starker Ausrichtung an den stilbildenden Werken der klassischen Antike.[37] Dieses Kunstverständnis drückte sich aus in der Konstruktion von Nationalliteraturen und in bürgerlichen Kunstsammlungen, in der Errichtung von Nationaltheatern und in der Aneignung und im Neubau von Opern- und Konzerthäusern, in Summe also in jenen Musentempeln, die zu den architektonischen und gesellschaftlichen Zentren des gehobenen bürgerlichen Lebensstils und zu einem wesentlichen Identitätsmerkmal des Bürgertums wurden.

Der Anspruch des Bildungsbürgertums war in der Tat, daß diese Kultur einerseits auf eine exklusive Schicht beschränkt, andererseits aber als Norm und Maßstab für die Kultur eines Landes überhaupt gelten sollte. Das hat einen Bildungsbegriff befördert, dem wir die Tradierung von klassischen Kunstwerken verdanken, ohne die sich die ästhetische Moderne nicht hätte entfalten können. Das hat aber auch zu jener von Nietzsche verhöhnten Karikatur des Bildungsbürgers geführt, der sich über den Rest der Welt erhaben fühlt, weil er seine Klassiker als Zitatenschatz betrachtet, den sinnentstellend zu plündern er keine Gelegenheit auslassen kann. Die ökonomisch mächtige Bourgeoisie und

---

37 Manfred Fuhrmann: Der europäische Bildungskanon des bürgerlichen Zeitalters. Frankfurt/Main 1999

viele Vertreter der Handels- und Kaufmannschaft haben übrigens diese Ideale nie wirklich anerkannt, und sie haben ihre Kinder immer schon lieber auf eine kaufmännische oder technische Schule geschickt, so daß sich das Bildungsbürgertum als eigene Schicht konstituieren mußte, deren ökonomische Schwäche durch mitunter höchst bizarre Konstruktionen geistiger Elitenbildung konterkariert wurde.

Das Bildungsbürgertum, das sich so zeitweilig nicht nur als eigener Stand etablieren, sondern auch der bürgerlichen Gesellschaft überhaupt eine mehr oder weniger verbindliche Kultur vorgeben konnte, die zum Maßstab erstrebenswerter Bildung überhaupt geworden war, ist mittlerweile verschwunden. Die Liquidierung des humanistischen Gymnasiums und der Humboldtschen Universität, die Demontage des Beamtenstandes im Zuge der Verschlankung des Staates und die sukzessive Entpragmatisierung der akademischen Professorenschaft zeigen beispielhaft die bildungspolitische und standesrechtliche Seite dieses Prozesses; die Entmachtung der bürgerlichen Kultur als Vorbild und Maßstab kultureller Aktivität überhaupt indiziert die ästhetisch-normative Dimension dieses Bedeutungsverlustes. Mit dem Verschwinden dieses bürgerlichen Kanons und seiner Ersetzung durch ein gültiges Nebeneinander aller ästhetischen Äußerungen, mit der Transformation von Kultur in Lebensstil hat sich die einstige bürgerliche Leitkultur in ein schmales Segment der globalen Eventkultur verwandelt, das nicht einmal mehr imstande ist, den Resten bürgerlicher Lebensformen Gestalt und Inhalt zu geben. An die Stelle des kunstsinnigen Ministerialrats, der mit subventionsheischenden Avantgardisten über Heimito von Doderer und Franz Kafka kenntnisreich parlierte, ist der Event-Manager getreten, der solche Namen bestenfalls auf ihre werbestrategische Brauchbarkeit abklopft. Und wenn das Premierenpublikum der Salzburger Festspiele in die Arie der Violetta aus dem ersten Akt von Verdis *La Traviata* erbarmungslos hineinklatscht, weil es die Oper einfach nicht mehr kennt und kein Ohr mehr hat für eine musikalische Zäsur, dann muß dem letzten Adepten der bürgerlichen Kultur klar geworden sein, daß mit dieser eine Gestalt des Geistes alt geworden und zum Appetithappen für die mediengesättigte Seitenblickegesellschaft abgesunken ist.

Immerhin, die Kollision der modernen Mediengesellschaft mit den Idealen und Normen des Bildungsbürgertums hatte jenen Begriff der »Halbbildung« hervorgebracht, mit dem Theodor W. Adorno die prekär gewordenen Bildungsverhältnisse der Nachkriegsgesellschaft analysierte. Unter den Bedingungen der Kulturindustrie wird Bildung, so Adorno, zu sozialisierter Halbbildung als allgegenwärtiger Erscheinungsform des »entfremdeten Geistes«.[38] Wohl mögen die alten Ideale humanistischer Bildung in diesem Stadium noch rhetorisch beschworen werden, tatsächlich werden sie durch eine Vergegenständlichung der Bildung in der Realität konterkariert. Bildung, zumindest theoretisch eine lebendige Auseinandersetzung des Geistes mit sich selbst und der Welt, wird zu einem Sammelsurium von Kulturgütern transferiert, die wohl erworben und konsumiert, jedoch nicht mehr angeeignet werden können: »Im Klima der Halbbildung überdauern die warenhaft verdinglichten Sachgehalte von Bildung auf Kosten ihres Wahrheitsgehalts und ihrer lebendigen Beziehung zu lebendigen Subjekten.«[39]

Solche Verdinglichung sah Adorno in jenen Gymnasien am Werk, in denen etwa der Bildungskanon stur auswendig gelernt wurde, aber immerhin, er wurde noch gelernt. Die Reduktion des Kanons auf einige Schlagworte, die man didaktisch aufbereitet, sich rasch einverleibt, ohne dabei ir-

38 Adorno, GS 8/1, S. 93
39 Adorno, GS 8/1, S. 103

gendeinen Zusammenhang verstehen zu können, markierte für Adorno diese Seite der Halbbildung: »Das Halbverstandene und Halberfahrene ist nicht die Vorstufe der Bildung, sondern ihr Todfeind.«[40] Halbbildung bleibt solches Unverständnis, weil es sich gleichwohl an die traditionellen Kategorien von Bildung klammert, souverän über etwas gebieten will, was es nicht mehr begreifen kann. Die Elemente von Bildung sind noch da, aber sie sind dem Bewußtsein vollkommen äußerlich geworden. Wo kaum noch etwas verstanden wird, muß es um so hartnäckiger behauptet werden: »Darum ist Halbbildung gereizt und böse; das allseitige Bescheidwissen immer zugleich ein Besserwissen-Wollen.«[41]

Keine Frage, daß die Spuren von Halbbildung, wie Adorno sie diagnostizierte, noch überall zu sehen sind. Wer in den Jahren der Bildungsreformen seit den sechziger Jahren sozialisiert wurde, wuchs in diesem Konzept auf, ohne Chance, ihm zu entgehen. Denn die bildungspolitischen Ansätze dieser Jahre, gleichgültig von welcher Fraktion sie vorgetragen wurden, fühlten sich der Idee von Halbbildung verpflichtet, auch wenn sie diese selten beim Namen nannten. Ablesen ließ sich das daran, daß Bildung als normative Vorstellung noch existierte – so wie das Gymnasium –, aber die Sache selbst allmählich aus dem Blick geriet. Was als notwendiger Demokratisierungsschub und als Öffnung der Bildungssysteme propagiert wurde, hatte seinen Preis: die Institutionalisierung von Halbbildung.

Viel von dem, was man unter dem Titel Didaktik rubrizierte, gehorchte einem einfachen Prinzip: die Inhalte klassischer Bildung zu einem äußerlichen, auf die vermeintlichen Bedürfnisse der Jugendlichen zugeschnittenen, halbwegs attraktiven Sammelsurium von Reizen, Zugängen, Anregun-

40 Adorno, GS 8/1, S. 111
41 Adorno, GS 8/1, S. 116

gen und Aufhängern verkommen zu lassen. Das begann, als man statt Goethes *Werther* Ulrich Plenzdorfs mittlerweile vergessene *Neue Leiden des jungen W.* in der Schule las und endete mit der Substitution des Geschichtsunterrichts durch eine Exkursion in Steven Spielbergs Film *Schindlers Liste.* All diese Strategien kannten noch das Motiv, damit etwas von Bildung zu retten, auch wenn es letztlich die Korruption der Bildung durch ihre Aktualisierung und Medialisierung bedeutete.

»Unbildung« meint demgegenüber, daß die Idee von Bildung in jeder Hinsicht aufgehört hat, eine normative oder regulative Funktion zu erfüllen. Sie ist schlicht verschwunden. Der entfremdete Geist, der bei Adorno noch in den zu Bildungsgütern herabgesunkenen Versatzstücken einstiger Bildungsansprüche sich umtrieb, ist in akklamierte Geistlosigkeit umgeschlagen. Die in den achtziger Jahren mit viel Witz und Aufwand propagierte Vertreibung des Geistes aus den Geisteswissenschaften und deren Umbenennung und Transformation in kulturwissenschaftliche Studien gehorchte nicht nur einer Mode und schon gar nicht einem Erkenntnisfortschritt. Darin sprach sich ein Programm aus, das mit jenem Geist, der seit Humboldt und Hegel als Subjekt und Objekt von Bildung fungierte, nichts mehr zu tun haben wollte. Ohne Geist, also ohne den Versuch, die harte Rinde der Empirie zu durchdringen und auf einen reflexiven und selbstreflexiven Begriff zu bringen, also ohne das, was Adorno den Wahrheitsgehalt als letzte Referenz von Bildung nannte, kann von dieser nicht mehr die Rede sein.

Unbildung meint in unserem Sinn also nicht die Abwesenheit von Wissen oder gar Dummheit. Die Zeiten, als man diese Phänomene nicht nur diagnostizieren, sondern auch verorten konnte und die Differenz von Bildung und Unwissenheit auch eine zwischen den urbanen Zentren und dem mehr oder weniger flachen Lande war, sind vorbei. Dort, wo heute noch wie in den historischen Zeiten der Aufklärung ein heroischer Kampf gegen die Dummheit der Menschen geführt wird, die noch immer zu wenig wissen, unaufgeklärt sind, nicht richtig argumentieren können, ihren Vorurteilen verhaftet bleiben, Stereotypen unterliegen und sich von ideologischen Fesseln, Okkultismen, religiösen Fundamentalismen, Mystizismen und Irrationalismen nicht und nicht trennen wollen, muten diese volkspädagogischen Übungen einigermaßen rührend an.[42] Und dies nicht, weil es nichts mehr aufzuklären gäbe, sondern weil das Programm der Aufklärung keine Rechtsgrundlage mehr hat. Denn jede Idee von Mündigkeit, zu der aus einer wie auch immer verschuldeten Unmündigkeit aufgebrochen werden soll, setzt gerade jenes Konzept von Bildung voraus, dem kein Kredit mehr eingeräumt wird.

Die Abkehr von der Idee der Bildung zeigt sich dort am deutlichsten, wo man dies vielleicht am wenigsten vermutet: in den Zentren der Bildung selbst. Die seit geraumer Zeit betriebene Umstellung sogenannter Bildungsziele auf Fähigkeiten und Kompetenzen (*skills*) ist dafür ein prägnanter Indikator. Wer Teamfähigkeit, Flexibilität und Kommunikationsbereitschaft als Bildungsziele verkündet, weiß schon, wovon er spricht: von der Suspendierung jener Individualität, die einmal Adressat und Akteur von Bildung gewesen war.

Abgesehen von der pikanten Unterstellung, daß Kompetenzen wie Teamfähigkeit wie eine Eigenschaft kontextlos erworben, geschult und praktiziert werden können – offenbar ist der Teamfähige einerseits ohne, andererseits in jedem Team »fähig« –, fällt auf, daß die bildungspolitischen Leit-

---

42 Alois Reutterer: Die globale Verdummung. Zum Untergang verurteilt? Mit einer Zitatensammlung zum Thema Dummheit. Wien–New York 2005

metaphern unserer Tage gerade jene Ziele demonstrativ in Frage stellen, die einstens den klassischen Bildungsdiskurs motivierten: die Autonomie des Subjekts, die Souveränität des Individuums, die Mündigkeit des einzelnen. Nur nicht mit dem eigenen Kopf denken – das scheint das geheime Programm von Ausbildung heute zu sein. Wer nicht bereit ist, in Teams und Netzen zu agieren und sich flexibel an alles anzupassen, was an Herausforderungen so herangetragen wird – übrigens nie von Menschen, sondern immer vom Markt, der Globalisierung oder gleich von der Zukunft –, der hat keine Chance mehr, den Ansprüchen der Wissensgesellschaft zu genügen. Es sind nicht diverse Eigenschaften oder Fähigkeiten an sich, sondern deren Distanz vom Geist, die sie zu Dokumenten der Unbildung machen. Wer etwa ständig von Vernetzung faselt, ohne einen Gedanken daran zu verschwenden, was er damit an Konformitätsdruck verkündet, mag dem Zeitgeist gehorchen, nicht aber dem Anspruch eines halbwegs souveränen Verstandes.

Unbildung heute ist deshalb auch kein intellektuelles Defizit, kein Mangel an Informiertheit, kein Defekt an einer kognitiven Kompetenz – obwohl es alles das auch weiterhin geben wird –, sondern der Verzicht darauf, überhaupt verstehen zu wollen. Wo immer heute von Wissen die Rede ist, geht es um etwas anderes als Verstehen. Die Idee des Verstehens, einstens Grundlage geisteswissenschaftlicher Tätigkeit an sich, überwintert bestenfalls in der politisch korrekten Phrase vom Verstehen des Anderen als Ausdruck eingeforderter Toleranz. Ansonsten geht es entweder um die Entwicklung von Technologien, die die Natur- und Menschenbeherrschung erleichtern, oder um die Produktion von Kennzahlen, die mit der Sache, die dabei angeblich verhandelt wird, immer weniger zu tun haben.

Was sich hartnäckig noch immer Bildung nennt, orientiert sich gegenwärtig nicht mehr an den Möglichkeiten und

Grenzen des Individuums, auch nicht an den invarianten Wissensbeständen einer kulturellen Tradition, schon gar nicht am Modell der Antike, sondern an externen Faktoren wie Markt, Beschäftigungsfähigkeit (*employability*), Standortqualität und technologischer Entwicklung, die nun jene Standards vorgeben, die der »Gebildete« erreichen soll. Unter dieser Perspektive erscheint die »Allgemeinbildung« genauso verzichtbar wie die »Persönlichkeitsbildung«. In einer sich rasch wandelnden Welt, in der sich Qualifikationen, Kompetenzen und Wissensinhalte angeblich ständig ändern, scheint »Bildungslosigkeit«, also der Verzicht auf verbindliche geistige Traditionen und klassische Bildungsgüter, zu einer Tugend geworden zu sein, die es dem einzelnen ermöglicht, rasch, flexibel und unbelastet von »Bildungsballast« auf die sich stets ändernden Anforderungen der Märkte zu reagieren. In der Wissensgesellschaft, so hören wir, ist auch das Wissen stets im Wandel und erfordert ganz andere Strategien seiner Produktion und Aneignung als jene Idiosynkrasie des 19. Jahrhunderts, die man Bildung nannte. Das Wissen der Wissensgesellschaft definiert sich vorab aus seiner Distanz zur traditionellen Sphäre der Bildung; es gehorcht aber auch nicht mehr den Attitüden der Halbbildung. Das, was sich im Wissen der Wissensgesellschaft realisiert, ist die selbstbewußt gewordene Bildungslosigkeit.

4.

PISA: Der Wahn der Rangliste

DER Stand von Bildungspolitik heute ist durch einen einfachen Satz zu beschreiben: Sie erschöpft sich im Schielen auf die Ranglisten. Diese Bemerkung ist alles andere als polemisch, denn sie kann auf eine geradezu erschreckende Evidenz verweisen. Alle relevanten und auch in der Öffentlichkeit heftig diskutierten bildungspolitischen Entscheidungen der letzten Jahre sind entweder durch einen schlechten Listenplatz motiviert oder geboren aus dem Wunsch, einen besseren Listenplatz zu erreichen. Ob Schulreformen initiiert, pädagogische Programme propagiert oder Eliteuniversitäten und Exzellenzzentren gefordert werden – das Argument ist immer das gleiche: Der Platz auf einer Rangliste muß verbessert werden. Nicht einmal ein diffuser Bildungsbegriff, schon gar nicht ein gesellschaftspolitisches Konzept von Bildung zeichnet sich hinter gegenwärtiger Bildungspolitik ab, sondern diese läßt sich auf einen einzigen Satz reduzieren: Wo stehen wir?

Die Standortfrage, selbst ideologischer Ausdruck einer Ökonomie der Erpressung, gewinnt in der Bildungspolitik eine zusätzliche, mitunter unfreiwillig komische Bedeutung. Die Attraktivität eines Bildungsstandortes ergibt sich aus dem Listenplatz, den dieser bei diversen Rankings einnimmt. Wäre bei solchen Rankings zum Beispiel eine österreichische Universität immer ganz vorne gewesen, hätte das Konzept der sogenannten Eliteuniversität in Maria Gugging kaum in der Schnelligkeit konkrete Gestalt annehmen können, mit der es nun realisiert werden soll. Auch die Forderung des EU-Kommissionspräsidenten José Manuel Barroso nach einem *European Institute of Technology* (EIT) wurde vor allem durch den Hinweis begründet, daß europäische Universitäten bei den diversen Rankings zuwenige Spitzenplätze belegen. Und die Aufregungen über die PISA-Studie sind fast ausschließlich dadurch motiviert, daß in diesen Länderreihungen Österreich und Deutschland nur Plätze im hinteren Mittelfeld einnehmen.

Am sinnfälligsten wurde das Ersetzen des Denkens durch das Abzählen einer Rangliste wohl am Beispiel von PISA. Hinter diesem Kürzel verbirgt sich das *Programme for International Student Assessment* der OECD, das es sich zur Aufgabe gemacht hat, in dreijährigen Abständen zentrale Kompetenzen bei 15jährigen Schülern im internationalen Vergleich zu überprüfen. Daß beim ersten Test Deutschland, beim zweiten Deutschland und Österreich eher schlecht abschnitten, hat neben einer in Bildungsfragen sonst selten zu beobachtenden kollektiven Depression zu völlig neuen Orientierungen in der Bildungspolitik geführt, mit dem erklärten Ziel, beim nächsten PISA-Test besser abzuschneiden. Anstelle der Bildungsziele der Aufklärung – Autonomie, Selbstbewußtsein und die geistige Durchdringung der Welt –, anstelle der Bildungsziele der Reformpädagogiken – Lebensnähe, soziale Kompetenz und Freude am Lernen –, anstelle der Bildungsziele der neoliberalen Schulpolitiker – Flexibilität, Mobilität und Beschäftigungsfähigkeit – ist ein einziges Bildungsziel getreten: PISA bestehen! Signifikanter zeigt sich Unbildung in keinem Zentrum vermeintlicher Bildung.

Was an PISA erstaunt, sind allerdings kaum die Ergebnisse dieser Studie. Daß ein ziemlich mittelmäßiges Land wie etwa Österreich bei einem ziemlich mittelmäßig konstruierten Test ziemlich mittelmäßig abschneidet, muß wahrlich nicht weiter verwundern. Sehr wohl verwunderlich allerdings waren die Reaktionen auf diesen Sachverhalt. Von Schock war da die Rede und von Bildungskatastrophe, Krisengipfel wurden einberufen, eine Zukunftskommission, deren Vorsitzender auch gleich die PISA-Tests in Österreich organisiert, wurde gegründet, damit endlich, nach Jahren des Reformfurors, alles grundlegend reformiert werden kann. Nach und vor jedem PISA-Test ergreift nun Hysterie das Land, und Hektik breitet sich aus. Natürlich will niemand schuld an schlechten Ergebnissen sein, aber selbstverständlich haben alle anderen alles falsch gemacht. Und jeder weiß, wie es besser geht. Auch wenn PISA nicht den Bildungsstand einer Schülerpopulation messen kann, eines vermag dieser Test sehr wohl: Er zeigt, wo die Bildungsexperten in einem Lande wohnen.

Erstaunlich dabei ist trotz allem, daß kaum über die Verläßlichkeit eines Tests diskutiert wird, der zum Beispiel suggeriert, daß sich ansonsten immer als träge denunzierte Institutionen in kurzer Zeit dramatisch zum Schlechteren wandeln können. Innerhalb von drei Jahren ist Österreich so um einige entscheidende Plätze zurückgefallen. Plausibel ist es allerdings nicht, daß sich dieselben Schulen mit denselben Lehrern und einer ähnlichen Schülerpopulation innerhalb weniger Jahre gravierend verschlechtert haben sollen. Hier gibt es nur zwei Erklärungsmöglichkeiten: Entweder der Test ist weniger aussagekräftig als allgemein angenommen, oder die in den letzten Jahren forcierten Schulreformen – Schulautonomie, Lehrplanreform, Stundenkürzungen, Erhöhung der Klassenschülerzahlen, EDV statt Deutschunterricht, Rechtschreibreform – waren absolut kontraproduktiv.

Man könnte sich einmal fragen, ob das, was mit dem PISA-Test gemessen wird, überhaupt zu den Hauptlernzielen der österreichischen und deutschen Schulen zählt. War es nicht sehr modern, in den letzten Jahren Lesen, Rechnen,

Schreiben und Denken (Problemlösungskompetenz heißt das nun) als antiquierte Fähigkeiten zu denunzieren und durch Medienkompetenz, Teamfähigkeit, Soziales Lernen und Kommunikationsbereitschaft zu ersetzen? Wo sind denn die progressiven Didaktiker plötzlich, die uns jahrelang weismachen wollten, daß Lesen auch die Fähigkeit enthalte, rasche Bilderfolgen aufnehmen zu können und daß darin unsere Jugendlichen viel kompetenter als zum Beispiel Erwachsene seien, genauso wie im Umgang mit dem Computer, der bekanntlich das Rechnen überflüssig macht? Warum wirft eigentlich niemand den Konstrukteuren von PISA altmodische Vorstellungen von Wissen vor? Einsam und ganz allein und ohne Computer und ohne Bilder sollen Halbwüchsige komplexe Texte lesen und sogar verstehen? Welcher Schulpädagoge wagte dies heute noch zu fordern?

Es gibt, auch bei PISA, so etwas wie die List der Vernunft und die Paradoxie der Weltgeschichte. Was konservative Pädagogen seit Jahren nur hinter vorgehaltener Hand zu äußern wagten, ist nach ein, zwei Tests plötzlich wieder der Weisheit letzter Schluß. Daß die Fähigkeit, schwierigere Texte zu lesen und die Möglichkeit, sich in einer Sprache differenziert zu artikulieren, einen Wert darstellen könnte – darauf sind manche Menschen ganz ohne PISA auch schon gekommen. Wer immer in den letzten Jahren allerdings konstatierte, daß es mit der Lesefähigkeit des Nachwuchses nicht zum Besten bestellt sei, wer forderte, daß sich die Schule auf die Vermittlung zentraler kognitiver Fähigkeiten konzentrieren sollte, anstatt unter dem Diktat eines mutwillig vom Zaun gebrochenen virtuellen Wettbewerbs mit Lustbarkeitsangeboten aller Art zu werben, wurde als Kulturpessimist, als rückständig und reaktionär gebrandmarkt. Solche Warnungen lösten keinen Schock aus, wurden mit dem Hinweis auf die »moderne Schule« und das »neue Denken« schnell beiseitegeschoben. Nach PISA ist alles anders.

Jetzt darf plötzlich wieder Lesen auf dem Lehrplan stehen, und Rechnen und vielleicht sogar Denken. Warum dieser Sinneswandel?

Die Antwort ist einfach. Nicht aus Einsicht in eine bildungspolitische Notwendigkeit, sondern weil es sich bei PISA um eine OECD-Statistik handelt und weil sich diese als eine internationale Rangordnungsliste präsentiert, wie wir sie von den Medaillenspiegeln der Olympischen Spiele kennen. Es geht also um eine Nationenwertung. Ohne diese wäre PISA eine Sache von Experten geblieben. Der Schock über die vermeintliche Bildungskatastrophe speist sich aus dem Ungeist der Sportberichterstattung und bestätigt so das, was er beklagt. Die aus diesem Kontext bekannten Formulierungen, mit denen solche Rankings kommentiert werden, sind kein Zufall. Wer heute Kommentare zur Bildungs- und Wissenschaftspolitik liest, weiß auf Anhieb nicht, ob er sich nicht im Genre geirrt hat: Es wimmelt darin von Elitemannschaften und Ausnahmekönnern, von Begabungsreserven und wie man sie unter die *Top Ten* bringt. Dort, wo es angeblich um den Geist gehen soll, verrät die Geistlosigkeit der Sprache die wahren Verhältnisse.

Erschütternder als die Ergebnisse von PISA ist die Gläubigkeit, mit der Rankings angebetet werden. Vorab kann die nahezu neurotische Fixierung auf Ranglisten aller Art als Rache der modernen Mediengesellschaft an den egalitären Prinzipien der Demokratie interpretiert werden. Wenn von Natur aus alle gleich sind, aber keiner den anderen gleichen will, müssen Unterschiede konstruiert werden. Eine Reihung verbindet den Gestus der Objektivität und Unbestechlichkeit mit einer unschlagbaren Weltorientierung: wissen, wo die Besten sind. Die Rangliste bestätigt das Urvertrauen in eine hierarchische Weltordnung, das durch keine Revolution erschüttert werden konnte. Selbst ist die Rangliste allerdings darin vom demokratischen Geist durchdrungen, daß sie treuherzig suggeriert, daß keine Reihung unveränderlich ist. Während die gottgewollten Ordnungen der Vergangenheit ihre Hierarchien in alle Ewigkeit an wenige Parameter und ausgewählte Personengruppen und Institutionen zu koppeln trachteten, ist nun Bewegung in die Sache gekommen. Zumindest ihrer Ideologie nach verkündet die Rangliste, daß jeder es schaffen könne, die Nummer eins zu werden oder zumindest, wie das Mantra der neuen Religion lautet, im internationalen Spitzenfeld zu landen. Vor allem aber hat sich im Ranglistenwahn ein egalitäres Prinzip in seiner pervertierten Form erhalten: Es gibt nichts, was nicht gereiht werden kann. Vor der Rangliste sind alle gleich. Und so wird gereiht, inbrünstig und nach Herzenslust: Rechtsanwälte und Herzspezialisten, Junggesellen und Gymnasien, Universitäten und Hotels, Restaurants und Kindergärten, Forschungsinstitute und Manager, Banken und Versicherungen, Schönheiten und ihre Chirurgen.

Keine Reihung versteht sich jedoch von selbst, keine Rangliste fällt vom Himmel, gerade die Ideologie des freien Marktes erfährt im Ranking ihren Widerspruch und ihre Korrektur. Funktionierte der freie Markt in der Brutalität, die von vielen beschworen wird, wären Rankings überflüssig, da der Markt ohnehin als jene Instanz fungierte, die über Erfolg und Mißerfolg, Durchsetzungskraft und Schwäche entscheidet. Nach dieser Logik würden schlechte Schulen, mittelmäßige Manager, drittklassige Universitäten, todbringende Chirurgen und häßliche Models ohnehin irgendwann einfach verschwinden. Die unsichtbare Hand des Marktes würde unerbittlich die Reihung vornehmen. Natürlich steckte hinter einen solchen Verehrung des Marktes ein gerüttelt Maß an Geschichtsmetaphysik. Der Markt agiert bei den Vertretern der reinen Lehre wie weiland Hegels Weltgeist. Nicht darauf zu warten, wie der Markt entscheidet, sondern diese Entscheidung antizipieren, ja ersetzen zu können, suggeriert die Rangliste ebenso, wie sie den Markt dort nur simuliert, wo dieser gar nicht existiert. Daß nun Schüler aus Andalusien mit denen aus Lappland um die Ranglistenplätze der PISA-Studie konkurrieren, hat mit einem realen Marktgeschehen auch dann nichts zu tun, wenn man den Bildungssektor vollständig privatisieren und ökonomisieren würde. Die Nachricht, daß Schüler der finnischen Seenplatte besser abschneiden als solche aus inneralpinen Beckenlagen, wird zu keiner pädagogischen Völkerwanderung führen. Wohl aber profitiert die Touristikbranche von den Informationsreisen in das gelobte Siegerland, die jeder Bildungsexperte als säkulare Wallfahrt nun zu absolvieren hat.

Als entscheidendes Motiv für die generelle Verehrung von Ranglisten dürfte so die zentrale Gestalt einer fingierten Wettbewerbsgesellschaft figurieren: der Sieger. Es sind die PISA-Sieger und die Sieger der internationalen Hochschulrankings, die den Ranglisten ihre Aura verleihen und den schlechter Gereihten den entscheidenden Ansporn geben sollen: von den Siegern lernen und diese, wenn alles klappt, überholen. Im Exzellenzwettbewerb, dem sich etwa die deutschen Universitäten stellen mußten, um in den Genuß jener Förderungen zu kommen, die es ihnen ermöglichen sollen, zur Weltelite aufzuschließen, bestand eine Vorgabe darin zu beschreiben, was man zu tun gedenke, um zu den amerikanischen Spitzenuniversitäten aufzuschließen. Qualität bedeutet also heute, etwas, das man in Übersee vermutet, schlecht zu kopieren. Solche Ein- und Überholprogramme nennt die Bildungspolitik dann auch gerne ein »ehrgeiziges« Ziel, dem sich alles andere unterzuordnen habe. »Ehrgeiz«, schrieb Ludwig Wittgenstein, »ist der Tod des Denkens«.[43] Ein Blick in ranglistenfixierte Aufrüstungs-

43 Ludwig Wittgenstein: Vermischte Bemerkungen. Werkausgabe Bd. 8, Frankfurt/Main 1999, S. 560

programme der Schulen und Universitäten bezeugt die Wahrheit dieses Satzes. Der Verweis auf einen Ranglistenplatz, den man verfehlt hat oder den man erreichen möchte, erübrigt in der Regel jedes weitere Argument. Wer sich mit dem Satz: Ich sage nur PISA! jeder Diskussion zu entziehen vermag, hätte sich in einer Welt, die sich nur einen Funken Reflexionsvermögen bewahrt hat, hoffnungslos blamiert. Heute gilt er als Experte. Jenseits aller realen Bedürfnisse und Möglichkeiten fungiert die Rangliste als Steuerungsinstrument, mit dem eine Wissenspolitik betrieben wird, die sich zunehmend an externen, wissensfernen, äußerlichen und willkürlichen Kriterien orientiert.

Von Anfang an stand der Gedanke der Bewertung und Reihung in Verbindung mit dem Paradigma betriebswirtschaftlichen Denkens, das aus Schulen und Universitäten Unternehmen machen wollte, die an ihren marktorientierten Ergebnissen zu messen seien. Wohl gab es im Bildungsbereich immer wettbewerbsähnliche Situationen, gute Schulen waren bekannt und wurden weiterempfohlen, und zwischen den Universitäten gehörte Konkurrenz – wie auch Mobilität – seit Anbeginn zu ihren Merkmalen. Aber es war eine Konkurrenz, die sich zwischen unterschiedlichen Weltdeutungen, Methoden und Modellen, auch zwischen unterschiedlichen akademischen Kulturen abspielte, es war, emphatisch, eine Konkurrenz um die Zugänge zur Wahrheit und keine Konkurrenz um einen Listenplatz. Der in den europäischen Wissenschafts- und Universitättraditionen seit deren Anfängen immer vorhandene Wettbewerb, der sich als Auseinandersetzung um bessere Theorien und attraktivere Lehrer dargestellt hatte, wird nun neu erfunden und auf einen imaginären Markt bezogen, der überhaupt erst durch die in eine Reihung gebrachten Evaluations- und Testergebnisse erzeugt wird.

In dieser Verschiebung zeigt sich ein generelles Moment

aller Unbildung: die Fetischisierung des Akzidentellen. Was unter bestimmten Bedingungen durchaus sinnvoll sein kann, wird verabsolutiert und zum alleinigen Kriterium stilisiert. Aus der einstigen Konkurrenz in der Wissenschaft, die man noch als institutionalisierte Form einer argumentativen Auseinandersetzung um die Wahrheit, als eine spezifische Diskursform begreifen konnte, wird das blindwütige Schielen auf den Platz an der Sonne. Während durch die zunehmende Vereinheitlichung der wissenschaftlichen Zugänge und der dazugehörigen Wissenskulturen eine tatsächliche Auseinandersetzung zwischen konkurrierenden Methoden oder Schulen immer seltener wird, nimmt die virtuelle Konkurrenz des Immergleichen zu.

Es ist ein Irrtum zu glauben, daß die diversen Rankings von Universitäten eine tatsächliche Wettbewerbssituation widerspiegelten. Auch in einer globalisierten Gesellschaft konkurriert die Universität Klagenfurt nicht mit der Universität von Schanghai um die besten Forscher und begabtesten Studenten. Das Argument, daß die Rangliste zumindest die Realität abgestufter Qualitäten widerspiegle, die ihrerseits Hinweise auf die ökonomische und technologische Zukunftsfähigkeit eines Landes gebe, erweist sich ebenfalls rasch als Mythos. Es gibt – entgegen den verbreiteten Meinungen – keine wirklich gesicherten Ergebnisse, die zeigten, daß der Bildungsstand der Bevölkerung, daß Akademikerraten, Rankingplätze oder die Anzahl sogenannter Eliteinstitutionen unmittelbar mit der ökonomischen Prosperität, der sozialen Sicherheit oder dem zivilisatorischen Status eines Landes zu tun haben.

Reihen heißt bewerten. Die Pointe aller Rankings besteht darin, daß Dinge, die kaum jemand in einem unmittelbaren Zusammenhang gesehen hätte, nun auf eine Reihe gebracht werden. Souveränität heute besitzt, wer die Macht hat, solch eine Reihung zu veranstalten. Wohl gebietet es die Simulation von Objektivität, daß solche Reihungen nur in Ausnahmefällen von einzelnen vorgenommen werden dürfen. Die Auswahl der zehn besten deutschen Romane kann man wohl noch dem unfehlbaren Urteil eines sogenannten Kritikerpapstes überlassen, für die 50 besten Filme aller Zeiten empfiehlt sich eine Jury von Filmjournalisten, die Liste der Top-Zahnärzte läßt sich zur Not von zuvor selbst gereihten Top-Patienten erstellen, und wo diese Mischungen aus subjektiver Willkür und selbsternanntem Gruppenrichtertum versagen, empfiehlt sich die Professionalisierung des Geschäfts: Die Stunde der *Rating-* und Bewertungsagenturen hat geschlagen. Diese erstellen die Ranglisten aufgrund mehr oder weniger plausibler Kriterien, mit Hilfe von Testreihen und Evaluationsverfahren, manchmal eher nach Gefühl und Geschmack der Schätzer, aber immer um gutes Geld.

Wer einmal dem Mechanismus der Reihung verfallen ist, entwickelt rasch Symptome, die an den aus der Psychoanalyse bekannten Zwangscharakter erinnern. Was immer unter den Blick kommt, muß sofort in eine Reihung gebracht werden. So wie manche Neurotiker gezwungen sind, in jedem Bad, das sie betreten, die Fliesen abzuzählen, ist der gegenwärtige Bildungsexperte gezwungen, die Antwort auf jede Frage, mit der er konfrontiert wird, in Form einer gereihten Liste zu geben. Was bedeutet Qualität im Unterricht? Testen und reihen! Was ist eine gute Universität? Evaluieren und reihen! Worin erweist sich wissenschaftliche Dignität? Publikationsorgane reihen! Welche Forschungsprojekte sollen verfolgt werden? Gutachten einholen und reihen! Nie ist die Sache selbst Gegenstand einer Betrachtung oder Reflexion, immer nur der Platz, den sie auf einer ominösen Liste einnimmt.

Die Fetischisierung der Rangliste ist Ausdruck und Symptom einer spezifischen Erscheinungsform von Unbildung: mangelnde Urteilskraft. In seiner *Anthropologie in pragma-*

tischer Hinsicht von 1798 hatte Immanuel Kant fehlende Urteilskraft eine Form der Dummheit genannt.[44] Tatsächlich ersetzt jede Reihung ein qualifiziertes Urteil, da sie besessen ist von der falschen Vorstellung, Urteilen hieße Quantifizieren. Je mehr an einer Universität oder Schule von Qualitätssicherung die Rede ist, desto weniger geht es um Qualitäten, sondern einzig darum, Qualitäten in Quantitäten aufzulösen. Was immer an spezifischen Gegebenheiten, Leistungen und auch Mängeln an solch einer Institution und den in ihr agierenden Menschen festgestellt werden könnte, wird durch die Zahlen, in die alles gegossen werden soll, zum Verschwinden gebracht.

Da sich niemand mehr der Mühe unterziehen will, einen Aufsatz, den er beurteilen soll, zu lesen, ist es gut zu wissen, in welcher Zeitschrift dieser Aufsatz erschienen ist, mit welchem Impact-Faktor diese Zeitschrift ausgestattet wurde und welche Punkteanzahl deshalb diesem Aufsatz gegeben werden kann. Multipliziert man dann die Anzahl von Publikationen mit den Impact-Faktoren der Publikationsorgane, ergibt sich eine Zahl, nach der man jährlich die Wissenschaftler reihen kann. Man hat ein sicheres Qualitätsmerkmal und muß nie mehr auch nur eine Zeile von dem lesen, was die Forscher geschrieben haben.

Die Verweigerung von Bewertungs- und Qualitätssicherungsagenturen, auch wenn sie an den Universitäten selbst angesiedelt sind, sich auch nur dem Anflug einer inhaltlichen Auseinandersetzung zu stellen, verrät alles darüber, was gegenwärtig unter Qualität verstanden wird: reine, nackte und simple Quantifizierbarkeit. Daß diese schon ihrem Begriffe nach der Qualität widerspricht und Qualitäten schon aus begriffslogischen Gründen nicht einfach in

---

44 Immanuel Kant, Anthropologie in pragmatischer Hinsicht. Werkausgabe, hg. von Wilhelm Weischedel, Frankfurt/Main 1980, Bd. XII, S. 524

Quantitäten übergeführt werden können, hat ein Konzept von Qualitätssicherung, das selbst die einfachsten Grundbegriffe der Logik nicht beherrscht, längst vergessen. Gerade auf dieser Dummheit beruht allerdings die Faszination von Rankings, denn diesen erscheinen Qualitäten nur mehr als Relation von Quantitäten. Es geht darum, durch Platzziffern auszudrücken, wer besser und wer schlechter ist.

Nun ist die Relation, in der Dinge zueinander stehen können, nicht ohne Bedeutung, und die Lust am Vergleichen und Bewerten ist der menschlichen Vernunft als Grundvermögen eingeschrieben. Um dieser Lust angemessen frönen zu können, bedarf es einer Urteilskraft, die einerseits die Fähigkeit besitzt, sich auf Dinge erst einmal einzulassen, und andererseits imstande ist, überhaupt zu erkennen, wie Kant es formulierte, um was für einen Fall es sich handelt. Universitätsleitungen zum Beispiel, die, angesteckt durch den allgemeinen Ranking-Wahn, dazu übergehen, Reihungen von geisteswissenschaftlichen Verlagen vorzunehmen, um den Wert von Publikationen leichter beurteilen zu können, verkennen nicht nur die Realität, sondern haben, ob intendiert oder nicht, den impliziten normativen Anspruch, die Differenziertheit einer durch den ökonomischen Druck ohnehin stark beeinträchtigten Verlagslandschaft vollends in das einförmige Grau einer Liste überzuführen. Dadurch wird letztlich die Frage, was man schreibt, ersetzt durch die Frage, ob man bei einem gerankten Verlag publiziert. Durch solche Vorgaben werden letztlich inhaltliche Akzente gesetzt. Die Freiheit der Forschung wird um ein weiteres Segment beschnitten, Energie und Kraft, die man zum Denken benötigte, fließen in die Bemühungen, bei einem der vorgegebenen Verlage unterzukommen.

Was in der Ideologie des Rankings als empirische Bestandsaufnahme vorhandener Qualitäten und Defizite aufscheint, hat bei genauerer Betrachtung einen durchwegs normativen Charakter. Über die Autorität der Rangliste werden jene Vorgaben gemacht, nach denen Wissenskulturen modifiziert und Bildungsräume reformiert werden, ohne daß diese Vorgaben je explizit gemacht worden wären. Die Kriterien, nach denen solche Rankings erstellt werden – von der Zahl der Nobelpreisträger über Publikationslisten bis zur Höhe der eingeworbenen Drittmittel –, genügen zwar selten auch nur minderen Ansprüchen statistischer Methodenreflexion, werden jedoch widerspruchslos hingenommen. Damit werden diese Kriterien zu den eigentlichen Parametern, an denen sich Bildungsinstitutionen, die keinen Begriff von Bildung mehr haben, orientieren müssen.

Bedenklicher als der Leistungsabfall der Jugendlichen ist auch an PISA der verborgene normative Anspruch, der sich hinter solchen Tests verbirgt. Was sich nach den ersten Testreihen unter der Hand abzeichnete, ist nun beim dritten Test schon zum offiziösen Programm geworden: Die Schulen hatten sich besser auf PISA vorzubereiten, die Lehrer sollten ihre Schüler für die zu erwartenden Aufgaben trainieren, ungeachtet dessen, ob das mit den geltenden Lehrplänen vereinbar ist oder nicht. Die Schulen, wie immer sie organisiert sein mögen und wie immer das Milieu aussieht, in dem sie agieren, werden damit zu Trainingstätten für die heimlichen Lehrpläne der OECD-Ideologen. Daß kein einziges europäisches Land den Mut hatte, die Entwicklung der eigenen pädagogischen Kultur ungeachtet der PISA-Ergebnisse für vorrangig zu halten, zeigt, welch normativer Druck von solchen Tests ausgeht, auch wenn diese Normativität nicht intendiert gewesen sein mag. Aber einige Grundkenntnisse angewandter Soziologie hätten genügt, um zu wissen, daß eine empirische Bestandaufnahme, die sich in Zeiten der Wettbewerbsmanie in einer Rangliste manifestiert, nicht mehr Ausdruck einer Leistungsmessung, sondern Artikulation eines Imperativs sein wird.

Man kann die These riskieren, daß die normative Gewalt der Ranglisten ihre eigentliche Funktion darstellt. Rankings fungieren als ziemlich primitive, aber höchst wirksame Steuerungs- und Kontrollmaßnahmen, die dem Bildungsbereich noch das letzte Quentchen Freiheit austreiben sollen, das ihm als Relikt humanistischer Ideale geblieben ist. Es sind im wesentlichen diese Ranglisten – nach deren Entstehungsbedingungen, sind sie einmal veröffentlicht, kaum jemand zu fragen wagt –, die nicht nur die Debatten über den Wert und die Qualität von Bildungseinrichtungen bestimmen, sondern auch die bildungspolitischen, organisatorischen und finanziellen Maßnahmen in Bewegung setzen. Evaluationen und Rankings dienen als wunderbare Vorwände, um Budgets zu kürzen, die Schließung von Instituten, Studienrichtungen, Fortbildungsangeboten und Wissenschaftsstandorten zu fordern oder die Gelder dorthin zu verlagern, wo man sich in Zukunft bessere Ranglistenplätze erhofft.

Wer heute angeblich Grundsätzliches zur Aufgabe der europäischen Universitäten verlautbart, spricht fast nur mehr über Rankingplätze, Investitionssummen, Kennzahlen, Studienabschlüsse, Drop-out-Raten und davon, wie es damit in den USA bestellt ist. Die Sache, um die es dabei geht, die Frage nach Sinn, Funktion und Status unterschiedlicher wissenschaftlicher Disziplinen, die Frage der Erkenntnis, der Anspruch auf Bildung spielen dabei kaum noch eine Rolle. Hinter dem Weihrauch von Bewertungsritualen und Qualitätskontrolle kommt allmählich eine Umstrukturierung der Bildungslandschaft zum Vorschein, die eindeutig nicht mehr der Erkenntnis, der wissenschaftlichen Neugier und der akademischen Freiheit, sondern den Phantasmen der Effizienz, der Verwertbarkeit, der Kontrolle, der Spitzenleistung und der Anpassung verpflichtet ist: Gestalten der Unbildung allesamt.

5.

Wieviel wiegt Wissen?

Im Jahre 2004 gedachten die akademische Welt und die gebildete Öffentlichkeit mit angemessenem Respekt des 200. Todestages von Immanuel Kant, des einzigen deutschsprachigen Philosophen von unbestrittener Weltgeltung, wie ein Kommentator dieses Gedenkens anmerkte. Es mag Zufall sein, aber daß sich die Debatten um die Reform der Universitäten, wie sie in Deutschland und Österreich geführt wurden und werden, mit dem Gedenken an den 200. Todestag des preußischen Philosophen überschnitten, könnte es verlockend erscheinen lassen, darüber nachzudenken, wie es dem weltberühmten Denker, ohne den es keine moderne Wissenschaftstheorie, keine zeitgemäße Ethik und keine avancierte Ästhetik gäbe, an einer Eliteuniversität, wie sie immer wieder gefordert wird, wohl ergangen wäre. Läßt man Kants akademischen Werdegang kurz Revue passieren, muß man zu dem Befund kommen, daß er im gegenwärtigen Wissenschaftsbetrieb keine Chance gehabt hätte. Im Gegenteil, er verkörpert geradezu alles das, was dem Eifer der universitären Qualitätsmanager ein Dorn im Auge ist.

Das beginnt mit Kants demonstrativer Immobilität und Unbeweglichkeit. Kant hat seine Geburtstadt Königsberg so gut wie nie verlassen. Nach dem Studium verdingte sich der modebewußte »elegante Magister« als Hauslehrer und Bibliothekar, ehe er nach einer langen Zeit des Wartens endlich eine Professur an der Universität Königsberg, an der er auch die Lehrbefugnis erhalten hatte, bekam. Der klassische Fall einer verpönten Hausberufung, die, so will es der Zeitgeist, Begrenztheit und mangelnde Mobilität signalisiert. Ohne jede internationale Erfahrung und ohne Auslandsaufenthalt bekommt Kant eine Lebensstelle an der Universität – das wäre angesichts des Ideals der befristeten Professuren sowohl unerwünscht als auch nur mehr schwer möglich.

Kaum zum Professor ernannt, bestätigt Kant dann die schlimmsten Vorurteile, die man gegenüber beamteten Wissenschaftlern zu hegen pflegt: Er hört auf zu publizieren. Es folgen zehn »Jahre des Schweigens«, in denen gerade zwei Artikel in der *Königsbergischen Zeitung* erscheinen. Hätte man nach heutigen Kriterien die Universität Königsberg evaluiert, wäre es Kant wohl nicht erspart geblieben, sich wegen mangelnden Fleißes und ineffizienter Forschungsleistung zu verantworten. Zumindest die Zuordnung zu einem innovativen und interdisziplinär vernetzten Forschungsschwerpunkt wäre ihm sicher gewesen. Natürlich war Kant in diesen zehn Jahren nicht untätig gewesen: Er war Dekan der Philosophischen Fakultät, ständiges Mitglied des Akademischen Senats, später auch Rektor der Universität, aber vor allem: In seinem Kopf wuchs die *Kritik der reinen Vernunft*. Wahrscheinlich gehören diese Jahre des Schweigens zu den produktivsten Phasen der Wissenschaftsgeschichte überhaupt. Aber wer würde es in unserem Zeitalter der monströsen Projektanträge und des hektischen Publizierens wagen, jahrelanges konsequentes und vor allem auch singuläres Nachdenken als Forschungsleistung zu qualifizieren?

Als sein Hauptwerk endlich erschien, erlitt Kant den nächsten Tiefschlag, der ihm unter gegenwärtigen Bedingungen den Rest gegeben hätte: Die *Scientific community* ignorierte das Werk zuerst, dann machte sie sich darüber lustig. Das Befremden, das Kant mit der *Kritik der reinen Vernunft* auslöste, hatte gute Gründe. Nicht nur verstieß er damit gegen so manche ideologische Grundüberzeugung seiner Zeit, sondern er hatte das Buch auch in einer Sprache verfaßt, die, gerade weil es ihm um größtmögliche Genauigkeit im Denken ging, von vielen bis heute als beschwerlich und unnötig kompliziert erachtet wird. Ähnliches gilt auch für die in rascher Folge erscheinenden weiteren Werke, die *Kritik der praktischen Vernunft* und die *Kritik der Urteilskraft*. Damit hätte Kant seinen letzten Kredit in einer verwertungsorientierten Wissensgesellschaft verspielt: Unverständlich, zu schwierig, nicht kundengerecht, letztlich unnütz – mit solchen Zuschreibungen würden sich weder Drittmittel auftreiben noch eine größere Öffentlichkeit mobilisieren lassen. Muß man also von Glück sprechen, daß die Universität Königsberg die gegenwärtig überall forcierten Methoden der Evaluation noch nicht hatte praktizieren können?

»Evaluation« gehört mit Begriffen wie Qualitätssicherung und Qualitätssteigerung, Internationalisierung und Effizienz, Elitenbildung und Forschungsoffensive, Wettbewerb und Wissensbilanz, Drittmittel und Projektorientierung, Bologna-Architektur und PISA-Studie zu jenen Zauberwörtern, welche das bildungspolitische Denken in einer Weise blockieren, die es kaum mehr erlaubt zu erkennen, was sich hinter dieser Begriffsinflation tatsächlich verbirgt. Dabei funktionieren alle diese Begriffe nach einem einfachen Schema: Sie bezeichnen nie das, was die Wortbedeutung nahelegt, verbergen aber, was durch sie tatsächlich indiziert wird. Gelingen kann dieses Täuschungsmanöver nur, weil alle diese Begriffe dem Prinzip der performativen Selbstimmunisierung gehorchen.

Wer Evaluation, Qualitätssicherung oder Internationalisierung sagt, hat immer schon gewonnen, da diese Begriffe ihre Negation nur um den Preis der Selbstbeschädigung zulassen. Denn natürlich will niemand in den Verdacht geraten, Leistungen nicht messen zu wollen, der Qualität kein Augenmerk zu schenken, sich dem Wettbewerb nicht zu stellen und damit in der Provinzialität zu versinken. Auch dort, wo sich Restbestände kritischen Denkens an diese Begriffe heranmachen, wird meist nur die eine oder andere Methode, das eine oder andere Verfahren, die eine oder andere Präsentationsfolie bezweifelt, nie die damit verbundene Sache an sich. Fraglich allerdings, ob Evaluationen welcher Art auch immer überhaupt das bewerten, was zu bewerten sie vorgeben. Es ist möglich, daß sie aber gerade deshalb ihren eigentlichen Zweck erfüllen: die schleichende Transformation von freier Wissenschaft in ein unfreies Dienstleistungsgewerbe.

Evaluation also. Der aus dem Französischen – nicht aus dem Lateinischen – stammende, über die englische Variante erst in den achtziger Jahren des 20. Jahrhunderts in den deutschen Sprachraum importierte Begriff signalisierte im höheren Bildungswesen ein vordergründig harmloses neues Denken: Die Leistungen von Universitäten in Forschung und Lehre sollten wie die Leistungen in anderen Bereichen einer kontinuierlichen, standardisierten und objektiven Bewertung unterzogen werden. Wer wollte gegen dieses Ansinnen etwas vorbringen, zumal in Zeiten, in denen der »faule Professor« zum Liebling der Massenmedien und Bildungspolitiker geworden war. Kriterien und Methoden für diese Leistungsmessung und Leistungsbewertung fand man allerdings nicht nur in jenen Instrumentarien, die im Wissenschaftsbereich immer schon als Indikatoren für Qualität gegolten hatten – Publikationstätigkeit, Aufmerksamkeit und Anerkennung bei der Fachkollegenschaft, öffentliche Wirksamkeit, Beliebtheit und Anerkennung bei den Studenten –, sondern zunehmend in quantifizierenden Verfahren, die aus der Betriebswirtschaftslehre und der Unternehmensberatung ins Bildungssystem übernommen wurden: Indizes, Kennzahlen, Punktesysteme, Impact-Faktoren, Steigerungsraten, Kosten-Nutzen-Rechnungen, finanzgebarungsähnliche Wissensbilanzen, Input-Output-Diagramme,

Mitarbeiterbefragungen, Erstellung von Organigrammen, Systemanalysen und ähnliches mehr.

Daß Evaluationen nicht das messen, was sie zu messen vorgeben, resultiert aus der Tatsache, daß es übereinstimmende Vorstellungen weder von den Methoden noch von den Kriterien gibt, nach denen evaluiert werden soll. Nicht einmal darüber, was evaluiert werden soll, um zum Beispiel ein Bild von der Qualität einer Universität zu bekommen, herrscht Übereinstimmung. Geht es um die Forschungsleistungen oder um die Qualität der Ausbildung, geht es um die Angepaßtheit an internationale Trends oder um spezifische Potentiale, geht es um das Verhältnis von Lehrenden und Lernenden oder um das Wohlfühlgefühl von Studierenden, geht es um die Ausstattung der Labors oder um akademische Freizeit- und Betreuungsangebote, geht es um die Verankerung einer Universität im kulturellen Milieu ihrer Umgebung oder um abgeschottete, in sich geschlossene Denkfabriken mit Eliteanspruch, geht es um die Berufschancen der Absolventen oder um die Attraktivität für Professoren, oder geht es um all diese Faktoren und wenn ja, in welchen Mischungsverhältnissen?

Da nicht alles gleichzeitig evaluiert werden kann, beschränken wir uns hier exemplarisch auf die klassischen Aufgaben einer Universität: Lehre und Forschung. Werfen wir zuerst einen Blick auf die Evaluation der Lehre, die gegenwärtig allerdings nicht mehr so forciert wird wie noch vor wenigen Jahren, als unter dem damals herrschenden Dienstleistungsparadigma die Universitäten zur Kundenorientierung aufgefordert wurden und mancherorts sogar daran gedacht war, geheime Agenten in die Vorlesungen einzuschleusen, um die Professoren bei ihrem verdächtigen Tun und Treiben zu beobachten. Daß sich alles an den Bedürfnissen der Studierenden zu orientieren habe, die als Konsumenten zu den eigentlichen Akteuren des höheren

Bildungsmarktes stilisiert wurden, führte zu Verfahren, die jedem Touristen bekannt sind: der obligate Fragebogen, durch den man seine Zufriedenheit oder Unzufriedenheit mit dem Gebotenen und Konsumierten ausdrückt. Nun also durfte angekreuzt werden, ob die Lehrveranstaltung verständlich und die vorgeschlagene Literatur lesbar war, der Einsatz neuer Medien forciert wurde, Elemente von E-Learning vorhanden waren, Prüfungsmodalitäten bekanntgegeben wurden und die Ausdrucksweise des Vortragenden sexistisches Gedankengut verriet.

Natürlich wissen wir aus der Evaluationsforschung selbst, daß solche Art von Befragungen allen Kriterien der Reliabiliät und Validität Hohn sprechen, und um die einfache Frage zu beantworten, wie gut ein Dozent bei seinen Hörern und Hörerinnen über einen längeren Zeitraum tatsächlich ankommt, bedürfte es ziemlich aufwendiger Verfahren. Aber immerhin, solche Befragungen geben einigermaßen die Motivationslage der Studierenden wieder, sie klären auch über die Fähigkeit der Studierenden auf, Fragen in Fragebögen zu verstehen – so soll es vorgekommen sein, daß die Frage nach der regelmäßigen Abhaltung von Lehrveranstaltungen wieder gestrichen werden mußte, weil ein statistisch signifikanter Teil der Studierenden die eigene Abwesenheit von einer Lehrveranstaltung mit deren Ausfall verwechselte –, und sie bestätigen in einer eindrucksvollen statistischen und quantifizierten Form die Mutmaßungen über die Qualität von Lehrveranstaltungen, die man bei jedem Gespräch in der Mensa immer schon belauschen konnte. Darüber hinaus läßt sich bei unterschiedlichen Fragebogenmodellen der prognostizierbare Trend beobachten, daß weniger substantielle Lehrveranstaltungen besser bewertet werden als solche mit hohen Anforderungen und strengen Prüfungen, auch wenn die Bereitschaft der Studierenden, sich schwierigen Themen und Fragestellungen auszusetzen, vorhanden ist.

Der Sinn solcher Lehrevaluationen liegt gar nicht in ihrer tatsächlichen Verläßlichkeit oder Aussagekraft, sondern in ihrem Beitrag zum Aufbau interner Kontrollverfahren. Die rein psychologische Wirkung, die jede Form von Beobachtetwerden bei den Objekten solcher Betrachtungen auslöst, sollte nicht unterschätzt werden. Allein das Wissen, von Studenten bewertet zu werden, egal wie sinnig die Kriterien dieser Bewertung und die Kompetenz der Bewertenden auch sein mögen, kann zu einem veränderten Lehrverhalten führen. Entscheidend aber ist, daß diese Evaluationen durch die Struktur ihrer Fragen auch die Möglichkeit enthalten, die Didaktik und damit die Inhalte zu beeinflussen und zu steuern. Daß etwa in vielen Fragebögen die Frage nach dem Einsatz neuer Medien einen zentralen Stellenwert hat, hängt mit dem weitverbreiteten, inbrünstigen Glauben zusammen, daß *E-Learning* und *Blended Learning*, wie die neuen, aus betrieblichen Fortbildungsseminaren minderen Zuschnitts entlehnten Zauberworte der Universitätsdidaktik heißen, das Nonplusultra innovativer akademischer Lehre darstellen.

Ohne daß es eine Reflexion darüber gäbe, wann und unter welchen Bedingungen der Einsatz digitaler Medien sinnvoll sein kann, und ohne daß der einzelne seine Methoden gegen die Zumutung solcher Fragen verteidigen könnte, wird allein durch die Präsenz solcher Fragen im Evaluationsbogen und durch ihre mechanische Auswertung ein bestimmtes didaktisches Konzept forciert. Auf diese Art – und dies scheint charakteristisch für Evaluationen an sich – kann man Verhaltensteuerung betreiben und normative Vorgaben machen, ohne daß diese argumentiert oder begründet werden müßten. Es liegt in der Logik evaluierender Verfahren, unter dem Deckmantel der Leistungsfeststellung nach objektiven Kriterien eine normative Kraft zu entfalten, der sich kaum einer widersetzen kann, ohne in den Geruch des

Versagers, des Verweigerers, des Querulanten, des Rückständigen oder des Ängstlichen zu geraten.

Ähnliches, wenn auch in anderer und geschärfter Form, gilt für die mittlerweile wesentlich wichtigere Evaluation von Forschungsleistungen. Durch den jüngsten Paradigmenwechsel in der Bildungspolitik haben sich die Universitäten binnen weniger Jahre von einer kundenorientierten Dienstleistungsinstitution in exzellente, am Konzept der Elite orientierte Forschungseinrichtungen verwandelt, die nicht mehr den Binnenmarkt der Hörsaalbesucher, sondern den Weltmarkt der Patente und Reputationen, der internationalen Rankings und Ranglisten und die Verschiebebahnhöfe von *brain drain* und *brain gain* bespielen. Nach welchen Kriterien wissenschaftliche Forschungsleistungen allerdings bewertet werden sollen, ist alles andere als klar. Der Spielraum ist groß, und die übliche Kombination von Fremd- und Eigenevaluation schafft auch hier eine ziemliche Bandbreite der Einschätzungen mit höchst unscharfen Rändern.

Welchen Stellenwert etwa Publikationen in nationalen und internationalen Zeitschriften im Vergleich zu monographischen Veröffentlichungen oder editorischen Aktivitäten haben sollen, ist prinzipiell ebensowenig ausgemacht wie die Frage nach der Bedeutung von fremdfinanzierter oder projektgebundener Forschung im Gegensatz zu individuellen Leistungen. In der Evaluationspraxis aber werden die Wertigkeiten bald klar. Die Einwerbung von Drittmitteln steht fast überall an erster Stelle. Die offenbar am Paradigma naturwissenschaftlicher Auftragsforschung orientierten Evaluationsstandards zeitigen mitunter Ergebnisse, die ein scharfes Licht auf die eigentlichen Intentionen der evaluierenden Rationalität werfen. Wenn etwa die in Fachkreisen und der Öffentlichkeit beachtete Publikationstätigkeit eines Humanwissenschaftlers von der Evaluationsinstanz mit der Bemerkung abqualifiziert wird, es handle sich dabei nur um

»Gelegenheitsforschung«, da diese weder durch Aufträge noch durch sonstige Drittmittel »gefördert« gewesen sei, dann sagt dies nichts über die Qualität der Forschungsleistung, aber einiges über die Pervertierung von Forschung unter ökonomistischen Gesichtspunkten. Die Einsicht von Günther Anders, daß alle kritische Reflexion »Gelegenheitsphilosophie« sein müsse, da sie sich an den Gelegenheiten, das heißt an den konkreten Fragen und Problemen einer Epoche zu entzünden habe, hätte vor den Augen dieses Evaluators keine Gnade gefunden. Auf die Idee, daß eine Forschung im Rahmen der individuell zu verantwortenden universitären Forschungsfreiheit prinzipiell höher bewertet werden müßte als drittmittelfinanzierte Forschung, weil sie eben gerade keinen externen Interessen diverser Auftraggeber und Financiers untergeordnet ist, kommt ohnehin niemand mehr.

Tatsächlich zeigen solche Erfahrungen, daß unter der Hand durch ziemlich willkürliche Festsetzung vermeintlicher Standards der Wissenschaftsbegriff selbst normiert und transformiert wird. Die Differenzen unterschiedlicher Wissenschaftskulturen werden dabei in der Regel ebenso ignoriert wie die Frage nach dem tatsächlichen Gehalt wissenschaftlicher Leistungen. Und vor allem: Evaluationen werden nach relativ willkürlichen, aber vorher festgelegten Kriterien vorgenommen, sind also prinzipiell »blind für das Neue«[45]. Gerade das Außergewöhnliche, Originelle, Kreative und Innovative, das angeblich in einer Wissensgesellschaft einen so großen Wert darstellt, wird durch herkömmliche Evaluationsverfahren prinzipiell ignoriert. Durch Evaluierung ermittelte »Exzellenzprojekte« sind schon aus diesen Gründen höchstwahrscheinlich intellektuelles Mittelmaß.

45 Ulrich Bröckling: Evaluation. In: Bröckling, Glossar der Gegenwart, S. 79

Entscheidend scheint vielmehr zu sein, daß sich wissenschaftliche Forschung wenigstens der Form nach am Modell kollektiv organisierter anwendungsorientierter Wissenschaften auszurichten hat, was dazu führt, daß auch dort von Teamarbeit und Projekten, von Anwendung und Nutzen schwadroniert wird, wo es die Ehrlichkeit und der Stolz gebieten würden, eine individuelle Leistung, die sich der Erkenntnis verpflichtet fühlt, zu verteidigen. Statt dessen wird das in manchen Bereichen sinnvolle Modell von förderungswürdigen Forschungsschwerpunkten ebenfalls normativ dazu mißbraucht, jedes Forschungsvorhaben solchen Schwerpunkten unterzuordnen und dabei nur jene zu finanzieren, denen man – ebenfalls ein höchst reflexionsbedürftiges Modewort – Zukunftsfähigkeit bescheinigt. Und über allem schwebt der Fetisch der Internationalisierung, der den Auslandsaufenthalt zu einer wissenschaftlichen Qualifikation sui generis stilisiert und den um den Erdball jettenden Wissenschaftsmanager zu einer neuen Leitfigur werden läßt, auch wenn dieser im Rausch seiner Beschleunigung keinen klaren Gedanken mehr fassen kann.

Vom Ethos neuzeitlicher Wissenschaft, als Subjekt für die Wahrheit einzustehen, bleibt unter diesen Bedingungen wenig übrig. Es ist dem deutschen Wissenschaftsrat deshalb hoch anzurechnen, daß er, ganz gegen den Zeitgeist, nach langem Schweigen davor warnt, Parameter der anwendungsorientierten Naturwissenschaften den Geisteswissenschaften zu oktroyieren, und dabei festhält, daß geisteswissenschaftliche Forschung primär an den Universitäten stattzufinden habe, Drittmitteleinwerbung kein entscheidendes Kriterium und dem innerdisziplinären Austausch gegenüber einer modischen Interdisziplinarität der Vorzug zu geben sei.[46]

Dieser Evaluationsdruck zeitigt allerdings bemerkenswerte Konsequenzen. Die Anpassungsfähigkeit der Universitäten, wenn auch durch einen permanenten Reformzirkus auf eine harte Probe gestellt, führt dazu, daß sie externe und informelle Standards schnell verinnerlichen und sich selbstredend daran orientieren. Die Evaluation »schafft so erst die Wirklichkeit, die sie zu bewerten vorgibt«[47].

Sobald man weiß, was von einem erwartet wird, werden diese Erwartungen erfüllt. Soll mehr publiziert werden, wird mehr publiziert; sollen die Präsenz am *science citation index* und der *journal impact factor* erhöht werden, wird, auf welche Weise immer, dem entsprochen; soll es mehr Projektanträge geben, gibt es mehr Projektanträge; soll Wissenschaft vernetzt betrieben werden, sprießen die Netze aus dem Boden; sollen Drittmittel requiriert werden, werden diese auch aufgetrieben, und sei es nur auf dem Papier – Forschungsfinanzierungsmodelle zu entwickeln gehört gegenwärtig zu den florierenden Sparten der ökonomisierten Wissensgesellschaft. Eine Evaluation ist zwar nicht imstande, auch nur im Ansatz die Qualität und Eigensinnigkeit wissenschaftlicher Leistungen zu erfassen oder gar zu messen, aber sie kanalisiert die Tätigkeiten von Wissenschaftlern: Alles konzentriert sich nun darauf, den quantitativen Vorgaben in quantitativer Weise zu entsprechen. Da kann es schon einmal vorkommen, daß man es mit Quellen, Autorschaften und Seriosität nicht ganz so ernst nimmt – bis hin zu Betrug und Fälschung.[48]

Nebenbei produziert der Evaluationsdruck eine neue, eigene Literaturgattung: die Antrags-, Projektbeschreibungs-, Selbstdarstellungs- und Bewertungsprosa. Zu dieser gehö-

---

46 Pressemitteilung 04/2006 des deutschen Wissenschaftsrates vom 30.1. 2006: »Geisteswissenschaften in Deutschland: leistungsstark und neuen Herausforderungen gewachsen«

47 Ulrich Bröckling: Evaluation. In: Bröckling, Glossar der Gegenwart, S. 78

48 Ein Hinweis unter vielen: Marco Finetti / Armin Himmelrath: Betrug und Fälschung in der deutschen Wissenschaft. Stuttgart 1999

ren nicht nur das gekonnte Jonglieren mit Zahlen und Statistiken, sondern auch die bemerkenswerte Fähigkeit, dem Zeitgeist genau abzulauschen, welche wissenschaftlichen Trends als zukunftsfähig gelten könnten und in welchen Segmenten es sich daher lohnt, jene transdisziplinär vernetzten und international begutachteten Projektanträge zu stellen, die dann bei einer allfälligen Evaluation als die großen Pluspunkte verbucht werden können. Unter diesen Bedingungen wächst nicht Forschung, wohl aber der organisatorische, bürokratische und poetische Aufwand für diese. Projektanträge erreichen mittlerweile Dimensionen, die dem Vernehmen nach dazu führen, daß manch ein Antragsteller gleich den Antrag als wissenschaftliche Publikation deklariert – was insofern sinnvoll ist, als ja, wie schon Daniel Defoe wußte, ein Projekt ein »großartiges Unternehmen ist, das zu breit angelegt ist, als daß aus ihm etwas werden könnte«[49].

Unter diesen Bedingungen verbessert sich nicht die Qualität der Forschung, die damit verbundenen Zahlen werden jedoch immer schöner. Und wenn dann eine Universitätsleitung ihren Wissenschaftlern vorgibt, um wie viele Prozentpunkte sie ihre Forschungsleistung im nächsten Jahr zu steigern und um wieviel Euro sie ihre Drittmittel zu erhöhen habe, dann drängt sich die Erinnerung an die Zielvorgaben und das Plansoll der ehemaligen sozialistischen Kommandowirtschaft geradezu auf. Abgesehen vom komischen Effekt, den es zweifellos hat, wenn ein Wissenschaftler darüber nachdenkt, wie er es schaffen soll, seine Forschungsleistung im nächsten Jahr um 13,5 Prozent zu verbessern, führen diese Spiele zu einem virtuellen Kosmos der frisierten Projekte, Zahlen und Diagramme, der mit der Wirklichkeit immer weniger zu tun hat.

49 Daniel Defoe: Über Projektemacherei (An Essay on Projects). Zit. nach Bröckling, Glossar der Gegenwart, S. 218

In einer solchen Konstellation werden dann auch, um Gelder zu requirieren, gesellschaftliche und ökonomische Nutzanwendungen versprochen, die die Welt binnen Kürze in ein technisches, medizinisches und moralisches Paradies kippen lassen müßten. Es wird, mit einem Wort, mitunter auch das Blaue vom Himmel gelogen. Das schärft nicht den Blick auf tatsächlich erbrachte Leistungen, das vernebelt ihn. Der geistige und materielle Aufwand zur Erzeugung dieser hochgestochenen Scheinrealität nimmt mittlerweile unverantwortbare Ausmaße an und verschlingt Ressourcen, die anderswo, vor allem in Forschung und Lehre, wahrlich sinnvoller eingesetzt werden könnten. Statt dessen sind Heerscharen von Wissenschaftlern ständig mit dem Abfassen von Gutachten, dem Evaluieren von Kollegen, dem Erstellen von Statistiken, dem Berechnen von Planziffern und Impact-Faktoren, dem Bewerten von Anträgen und Einreichungen und dem Eintreiben von Drittmitteln beschäftigt. Und damit sie nie zur Ruhe kommen, werden die Kriterien und Verfahren, nach denen evaluiert wird, mit jeder Evaluation verändert oder gleich neu definiert. Auf diesem Wege verhindern Evaluationen und Maßnahmen zur sogenannten Qualitätssicherung genau das, was zu bewerten und zu befördern sie vorgeben. Dafür werden die Hochglanzbroschüren, in denen Universitäten und Hochschulen, angeblich um im Wettbewerb bestehen zu können, ihre Leistungen, Angebote, Vernetzungen, Perspektiven und Projekte anpreisen, immer aufwendiger, hochtrabender und nichtssagender: Potemkinsche Dörfer, allesamt!

Eine besondere Pointe der Evaluation von wissenschaftlichen Einrichtungen besteht darin, daß sie ein Verfahren pervertiert, welches der modernen Wissenschaft ohnehin inhärent ist. Diese konnte überhaupt nur als ein sich selbst evaluierendes, das heißt bewertendes Verfahren entstehen und sich behaupten. Die Idee neuzeitlicher Wissenschaft liegt in der Öffentlichkeit des vernünftigen Diskurses, liegt in der Möglichkeit der permanenten Kritik. Was ein Gedanke, eine Hypothese, eine Theorie, ein Fund, eine Beobachtung, ein Experiment taugen, erweist sich in der Auseinandersetzung mit den Kritikern, erweist sich im Blick auf die Sache, um die es geht. Kaum ein Evaluator hat aber auch nur einen der Texte gelesen, die er evaluieren soll. Gerade weil die angebliche Qualitätssicherung besessen ist vom Fetisch der Quantifizierung und nur das gelten lassen möchte, was in Statistiken, Diagrammen und Reihungen von 1 bis 100 seinen beschränkten Ausdruck finden kann, wird sie ihr Ziel immer verfehlen.

Dahinter steckt aber mehr. Denn der enge Zirkel von Forschungseinrichtungen, Antragstellern, Gutachtern, Evaluationsagenturen und Geldgebern funktioniert zunehmend als in sich geschlossener Kreis, der dem herrschenden Modell der akademischen Elitenbildung entgegenkommt. Wissenschaft hört – paradox genug – gerade durch die angeblich im Namen des öffentlichen Interesses forcierten Evaluationen auf, ein im Sinne der Aufklärung öffentliches Gut zu sein. Experten bewerten Experten, die Experten bewerten. Früher nannte man solches einen Klüngel. Natürlich: Zitationskartelle gab es immer schon – aber gegenwärtig strukturieren diese nicht nur die Karrieren ihrer Mitglieder, sondern beeinflussen auch die Finanzierung und damit die Existenz ganzer Forschungsrichtungen.

Evaluationen haben ihren Hintersinn. Die aus der Frühzeit der Evaluation stammende Praxis, Institute durch Angehörige anderer Institute derselben Disziplin evaluieren zu lassen, hat sich aus begreiflichen Gründen nicht als wirklich zielführend erwiesen. Es ist nicht gerade logisch, einerseits ständig den Wettbewerb zu beschwören und andererseits die Konkurrenten in diesem Wettbewerb selbst darüber befinden zu lassen, wer nun die Nase vorn hat. Nichts naheliegender, als, wie alles in der Welt, auch das Evaluieren auszulagern. Zunehmend bieten private oder halbprivate Agenturen, die sich oft in einem Naheverhältnis zu Unternehmensberatungen oder Controllinginstituten befinden, ihre gar nicht selbstlosen Dienste an. Damit kommt die Logik der evaluierenden Vernunft an ihr Ziel. Da durch die Evaluationen subkutan wissenschaftliche Standards und Verfahren gesteuert werden können, ist es möglich, diese von außen zu beeinflussen und direkt den Interessen von Politik und Wirtschaft unterzuordnen. Dazu bedarf es weder eines Diktats noch der Zensur, weder Fürstenwillkür noch ein totalitäres Regime gefährden heute die Freiheit der Wissenschaft, sondern die Außenkontrolle erfolgt durch das feinmaschige Netz der Bewertungssysteme. Daß damit öffentliche Gelder, die der Forschung und Lehre zukommen sollten, in immer höherem Ausmaß in private Unternehmen fließen, ist für manche sicher ein beabsichtigter Nebeneffekt des allgemeinen Willens zur Bewertung.

Im Jahre 2005 gedachten die akademische Welt und die gebildete Öffentlichkeit mit angemessenem Respekt des 200. Todestages von Friedrich Schiller. In seiner Jenaer Antrittsvorlesung von 1789, *Was heißt und zu welchem Ende studiert man Universalgeschichte?*, hatte Schiller den Gelehrten, dem es um die Erkenntnis der Wahrheit geht, von jenem Brotgelehrten unterschieden, dem es nicht um den Wert der Wahrheit, sondern einzig und allein um die Bewertung seiner Tätigkeit geht. Und die Beschreibung, die Schiller von diesem Brotgelehrten gibt, paßt verblüffend und erschreckend genau zugleich auf den neuen Typ des effizienzorientierten Wissenschaftsmanagers, der streng zwischen ergebnisorientiertem nützlichem Wissen und jenen Studien, die »den Geist nur als Geist vergnügen«, trennt, letztere zu einer verzichtbaren Sache erklärt und »seinen ganzen Fleiß« nach jenen Forderungen einrichtet, die »von dem künftigen Herrn seines Schicksals an ihn gemacht werden«. Und weiter heißt es bei Schiller über den Brotgelehrten: »Nicht bei seinen Gedankenschätzen sucht er seinen Lohn, seinen Lohn erwartet er von fremder Anerkennung [...]. Schlägt ihm diese fehl, wer ist unglücklicher als der Brotgelehrte? Er hat umsonst gelebt, gewacht, gearbeitet; er hat umsonst nach Wahrheit geforscht, wenn sich Wahrheit für ihn nicht in Gold, Zeitungslob, in Fürstengunst verwandelt.« Ersetzt man die letzten Begriffe durch Dotationen, gute Rankingplätze und Anerkennung durch die Industrie, hat man ein präzises Bild des aktuellen Zustandes.

Uneingeschränkt gilt, was nach Schiller diese Entwicklung für das Selbstverständnis des Wissenschaftlers bedeutet: »Beklagenswerter Mensch, der mit dem edelsten aller Werkzeuge, mit Wissenschaft und Kunst, nichts Höheres will und ausrichtet als der Taglöhner mit dem schlechtesten! Der im Reiche der vollkommenen Freiheit eine Sklavenseele mit sich herumträgt!«[50] Die aktuelle Dominanz der Sklavenseelen im Wissenschaftsbetrieb zu durchbrechen ist eine Utopie. Viel wäre gewonnen, wenn man sich in der Wissensgesellschaft mit Schiller hin und wieder daran erinnerte, was Freiheit und Wissenschaft einmal miteinander zu tun gehabt haben.

---

50 Friedrich Schiller: Sämtliche Werke, hg. von Gerhard Fricke und Herbert G. Göpfert. München 1980, Band IV, S. 750 f.

6.

Bologna: Die Leere des europäischen Hochschulraumes

DIE Misere der europäischen Hochschulen hat einen Namen: Bologna. Die von den europäischen Bildungsministern 1999 in Bologna vereinbarte Umstellung des postsekundären Bildungssektors auf ein nur vordergründig dem angloamerikanischen Modell nachempfundenes dreistufiges System entsprang der Idee, einen einheitlichen europäischen Hochschulraum zu schaffen, um die Vergleichbarkeit und damit die Mobilität von Wissenschaftlern und Studenten zu erhöhen. Was auf der Ebene der politischen Einigungsbestrebungen durch den abgelehnten europäischen Verfassungsvertrag kläglich gescheitert ist, könnte wenigstens auf jener der Bildung etabliert werden und womöglich einen Motor für einen weiteren Integrations- und Erweiterungsanlauf bieten, zumal sich zu diesem Bologna-Prozeß zahlreiche Staaten bekennen, die ihrer Mitgliedschaft bei der EU noch harren. Was auf den ersten Blick plausibel erscheint – die Schaffung eines einheitlichen europäischen Hochschulwesens –, erweist sich im konkreten jedoch als ein weiteres Moment im Prozeß der Verabschiedung der europäischen Universitätsidee.[51]

Initiiert wurde dieser Prozeß durch die gemeinsame Sorbonner Erklärung der Bildungsminister Frankreichs, Deutschlands, Großbritanniens und Italiens vom Mai 1998, in der ein einheitlicher Rahmen des europäischen Hoch-

---

51 Vgl. dazu auch Jochen Hörisch: Die ungeliebte Universität. München 2006

schulwesens zur Erleichterung der Anrechnung von Studien vorgeschlagen wurde. Dabei wurden noch zwei Zyklen, Studium und Postgraduiertenstudium, als wahrscheinliche Zukunftsentwicklung angenommen, wobei das Studium als »angemessene berufliche Qualifikation« definiert wurde, an das sich ein kürzeres »Master-Studium« oder ein längeres »Promotionsstudium« anschließen können sollte. Daraus entwickelte sich eine dreigliedrige Struktur, die Bachelor- und Masterstudien (Bakkalaureat und Magisterium) als Voraussetzung für ein daran anschließendes Doktoratsstudium oder PhD-Programm erachtet.

Verstand sich die Sorbonner Erklärung noch als eine Absichtserklärung, so versteht sich der ohne große Diskussion davon abgeleitete Bologna-Prozeß als eine für alle verbindliche Neuordnung des europäischen Hochschulwesens, die einer Selbstaufgabe der im EU-Recht verbrieften national-staatlichen Kompetenz in Bildungsfragen gleichkommt. Es stellt sich nämlich die Frage, ob die europaweite Vereinheitlichung von Studienordnungen, ungeachtet der unterschiedlichen akademischen Kulturen der einzige Weg ist, um Mobilität und wechselseitige Anerkennung zu fördern. Bedenkt man, daß die Mobilitätsprogramme der EU für Studierende von etwa zehn Prozent eines Jahrgangs genutzt werden, und stellt man in Rechnung, daß sich nicht zuletzt aus ökonomischen Gründen diese Zahl nicht wesentlich erhöhen wird, da für die verschulten Bachelor-Studien kaum Zeit für Auslandssemester bleiben werden, dann entpuppt sich das Mobilitätsargument als ziemlich schwach. Wegen einer kleinen Minderheit von Studierenden alle Staaten zu zwingen, ihr Hochschulwesen einer kostenintensiven Umstrukturierung zu unterwerfen, scheint dann doch höchst fragwürdig. Hohe Mobilität und eine wechselseitige Anrechnung von Studien hätte man auch durch andere, einfachere Maßnahmen erreichen können. Letztlich ging es wohl gar nicht um

Mobilität. Diese dient, weil sie mittlerweile einen Wert darstellt, dem ebensowenig widersprochen werden kann wie der Internationalisierung, als vordergründiger Rechtfertigungsgrund für eine Vereinheitlichung und Normierung des europäischen Hochschulwesens, die sich als seine Enteuropäisierung erweisen könnte.

Die Intention ist klar. Durch die verpflichtende Einführung dreijähriger Bachelor-Studien für alle Fächer sollen die Universitäten die Aufgabe erhalten, primär eine »protowissenschaftliche Berufsausbildung« zu leisten. Das erscheint sinnvoll für Länder, die kein differenziertes berufsbildendes Schul- und Fachhochschulwesen kennen. Für andere Länder bedeutet das Bakkalaureat aber eine an sich völlig unnötige Umstrukturierung der Universitätslandschaft. Auf kaltem Wege wird der Sinn der Universität als Stätte der wissenschaftlichen Berufsvorbildung, die ihre Voraussetzung in der Einheit von Forschung und Lehre hat, liquidiert.

Die flächendeckende Einführung berufsorientierter Kurzstudien wird das Bild der Universität nachhaltiger verändern als alle anderen Reformen zuvor. Der wissenschaftspolitische Sinn des Bakkalaureats, der es für viele Bildungsminister so attraktiv erscheinen läßt, liegt auf der Hand: Verkürzung der Studienzeit und Hebung der Akademikerquote. Polemisch ausgedrückt: Der Bachelor ist der Studienabschluß für Studienabbrecher. Wer bislang mangels Qualifikation an einer Diplomarbeit scheiterte, wird nun zum Akademiker befördert. Auf dem Papier, das heißt in den OECD-Statistiken, werden sich die zahlreichen Bachelors dann auch ziemlich gut machen. Der Sache nach kann es aber nur folgendes bedeuten: Entweder nehmen die Universitäten diesen Auftrag ernst und werden in erster Linie zu Anbietern von wirtschaftsnahen und praxisorientierten Kurzstudien, die entsprechend strukturiert, normiert und verschult sein werden – was mittelfristig aus Universitäten

Fachhochschulen werden läßt; oder die Universitäten machen nur der Form nach mit und entlassen schlecht qualifizierte Beinaheakademiker als Graduierte auf einen Arbeitsmarkt, der bald erkennen wird, wes Geistes Kinder sich da tummeln.

Zwar schleicht sich mitunter der Verdacht ein, daß der Wunsch nach einem vorgezogenen Studienabschluß auch von der Wirtschaft kommt, die ihre eigenen Ausbildungskosten minimieren und die Universitäten als Zulieferungsbetriebe in Dienst nehmen möchte, womit sie sich wohl selbst am meisten schaden würde. Fraglich ist auch, ob für die geistes- und kulturwissenschaftlichen Studien, deren Berufsperspektiven sich ständig ändern, solche Kurzstudien überhaupt sinnvoll sein können, vor allem dann, wenn sie nach jenen Moden ausgerichtet sind, die das Heil der Geisteswissenschaften in Kombinationen mit Wirtschaft, Medien und den Biotechnologien sehen.

Wie auch immer diese Kurzstudien aussehen mögen, den Anspruch auf Wissenschaftlichkeit und Reflexivität werden sie nicht mehr stellen können. Da diese Kurzstudien rasch, kostensparend und ohne Zeitverlust absolviert werden sollen, ist klar, daß für Studenten, die nicht mehr als einen Bachelor anstreben, die vielgerühmte Internationalisierung ein leeres Versprechen bleiben wird. Erst die an den Bachelor anschließenden Masterprogramme werden für eine Minderheit der Studenten jene Form von Wissenschaftlichkeit offerieren, die für Universitäten schlechthin bestimmend hätte sein sollen. Da aber diese Masterprogramme in hohem Maße vorstrukturiert und, vor allem im Bereich der Gesellschafts- und Humanwissenschaften, ebenfalls an zeitgeistigen Parametern orientiert sein werden, muß auch hier damit gerechnet werden, daß die Freiheit der Lehre zu den ersten Opfern des Bologna-Prozesses zählen wird. Im Idealfall schließt für Absolventen von Masterprogrammen ein strukturiertes Doktoratsprogramm an, das mit einem dem US-System nachempfundenen PhD belohnt wird. Für karrierebewußte Jungwissenschaftler empfiehlt es sich, dieses Doktorat an einem Exzellenzzentrum oder einer ausländischen Eliteuniversität zu absolvieren, was dazu beitragen wird, daß die Einheit von Forschung und Lehre aus den Universitäten insgesamt verschwinden und nur noch in besonderen Programmen und Abteilungen spürbar sein dürfte.

Es ist abzusehen, daß für wissenschaftliche und universitäre Karrieren in naher Zukunft der PhD die maßgebliche Qualifikationshürde sein wird; die Habilitation wird weiter an Bedeutung verlieren und schließlich aus pragmatischen Gründen ganz verschwinden. Aus der alten Dreigliedrigkeit Diplom – Doktorat – Habilitation wird so eine neue Dreigliedrigkeit werden: Bachelor – Master – PhD. Dennoch wird sich einiges geändert haben: Im Grundstudium wird das wissenschaftliche Niveau sinken, die Zahl der Studienabschlüsse wird dafür steigen, für an der Wissenschaft oder einer wirklich guten Ausbildung Interessierte wird sich das Studium verteuern und verlängern, so daß es sogar nach den Kriterien der Ökonomisierung fraglich erscheint, ob sich das alles rentiert. Man hätte sich wahrscheinlich viel erspart, hätte man gleich die Diplomstudien als gestufte Bachelor-Studien, die Doktorate als Masterprogramme und den Dr. habil. als PhD deklariert.

Betrachtet man schon existierende oder projektierte Studienprogramme neuen Typs, fällt allerdings eines auf: Alles, vom Bachelor bis zum PhD, wird nun durchstrukturiert, als modularisiertes »Programm« angeboten. War es bisher, zumindest in den Geistes- und Humanwissenschaften, möglich, spätestens im Doktoratsstudium und natürlich in der Habilitation in thematischer Selbstbestimmung und methodischer Freiheit zu forschen, so führen die vernetzten Kollegs und vorgegebenen Doktoratsprogramme zu einem Wissenschaftsverständnis, das durch die Parameter Planbarkeit, Vernetzung, Standardisierung und Kontrolle gekennzeichnet ist. Zwar möchte man durch solche Graduiertenprogramme jungen Wissenschaftlern auch ökonomisch helfen, sie in bestehende Forschungszusammenhänge einbinden und so ihre Karrierechancen erhöhen, aber die Möglichkeiten für individuelle Zugänge, originelle Forschungsansätze und unorthodoxe Fragestellungen schwinden damit.

Fast scheint es so, als kennten die modernen Universitätsreformer nur einen wirklichen Feind: den unabhängig forschenden Geist, der sich ihren Vorstellungen von strukturierter und kontrollierter Wissenschaft entzieht. Ein Konzept, das im Bereich angewandter naturwissenschaftlicher und technisch orientierter Forschung – wahrscheinlich schon nicht mehr in der Grundlagenforschung – vielleicht seine Berechtigung hat, wird unreflektiert auf Wissenschaften übertragen, deren Leistungsfähigkeit und Erklärungskompetenz nach wie vor in hohem Maße von Einzelleistungen abhängt, die sich gerade nicht an Normen, Vorgaben, Programmen und Forschungskontexten orientieren. Daß erst jetzt und deshalb viel zu spät erste zögerliche Kritik an diesem Wissenschaftsverständnis laut wird,[52] indiziert nur, in welchem Maße die Idee der Universität mittlerweile korrumpiert ist.

Wo modernisiert wird, wird gemessen. Zu den besonders pikanten Aspekten des Bologna-Prozesses gehört die Berechnung von Studienleistungen nach dem *European Credit Transfer System* (ECTS), wofür sich in Deutschland der schöne Begriff »Leistungspunkte« zu etablieren beginnt. Gemessen wird damit angeblich der *student workload*, also der Arbeitsaufwand, den ein Student für die Erreichung eines bestimmten Lernzieles benötigt. Die für bestimmte studen-

---

52 Pressemitteilung 04/2006 des deutschen Wissenschaftsrates vom 30. 1. 2006

tische Aktivitäten – theoretisch nicht für Lehrveranstaltungen – vergebenen ECTS- oder Leistungspunkte stellen also keine inhaltlichen Äquivalenzen von Studien fest, sondern vergleichen aufgewendete Arbeitszeiten. Es gehört zu den Ironien der Weltgeschichte, daß die Marxsche Arbeitswertlehre, die von den Wirtschaftswissenschaften mit Abscheu ad acta gelegt wurde, in der europäischen Bildungsplanwirtschaft fröhliche Urständ feiert: Der Wert eines Studiums bemißt sich nach der dafür aufgewendeten durchschnittlichen Arbeitszeit.

Solch eine Renaissance des Marxismus im Zentrum einer sich selbst als liberal mißverstehenden Bildungsreform ist wahrlich nicht zu verachten. Gutgläubig oder zynisch gehen die Konstrukteure dieses Systems davon aus, daß eine Lerneinheit in Paderborn, die irgend etwas mit Ethik zu tun hat und für die vier Leistungspunkte vergeben werden, mit einer ähnlich klingenden Lerneinheit in Debrecen, die auch vier Punkte zählt, vergleichbar ist. Und das stimmt auch in dem Sinne, in dem man sagen kann: Überall wo studiert wird, wird studiert. Für diese tautologische Einsicht benötigt man im Europa des 21. Jahrhunderts ein monströses und für die Betroffenen kaum handhabbares Zähl- und Regelwerk. Aus diesem Grund müssen in den einzelnen Ländern auch *ECTS-Counsellors* eingesetzt werden, die ihrer verstörten Klientel in Sachen Leistungspunkte auf die Sprünge helfen. Wie überall blüht auch hier das Beratungsgeschäft.

Jetzt muß man es über europäische Studienpläne nur noch schaffen, daß zuerst die Titel der Lehrveranstaltungen und der Module überall gleich klingen, später allerorten auf englisch unterrichtet wird und dann auf die normative Kraft solcher Vorgaben hoffen, und schon hat man das europäische Hochschulwesen in einer Weise vereinheitlicht, die es erlaubt, tatsächlich überall das gleiche zu studieren – weshalb man dann getrost zu Hause bleiben kann. Daß solche

Vereinheitlichung, die Mobilität fördern soll, Mobilität konterkariert, weil der Igel in der fratzenhaften Gestalt europäischer Bildungsplanung jedem reisewilligen studentischen Hasen von überall entgegenlacht, wird in dem Maße von der Realität bestätigt, in dem unter der Hand zugegeben wird, daß an den Erasmus-Programmen die Partys für die Stipendiaten das weitaus wichtigste Moment darstellen.

Die Einführung der ECTS-Punkte hat noch eine weitere Konsequenz. Studienpläne orientieren sich nun nicht mehr an für das Erreichen der Studienziele anzubietenden Lehrveranstaltungen, sondern an den dafür zu erbringenden Leistungen der Studierenden. Was plausibel erscheint, hat so seine Tücken. Denn studentische Leistungen können damit tendenziell von Lehrveranstaltungen entkoppelt werden. Nicht zuletzt in Kombination mit den Möglichkeiten von E-Learning könnte als Resultat dieser Entwicklung die virtuelle Fernuniversität stehen. Studenten holen sich ihre Arbeitsaufträge per Internet, arbeiten diese zu Hause durch, bekommen dafür entsprechende Leistungspunkte und sehen die Universität gerade einmal, wenn sie zu einer Abschlußprüfung antreten.

Daß dies kein Zukunftsszenario ist, zeigt das Beispiel der Medizinuniversität Graz, an der ein über die Weiterführung des Studiums entscheidender Vorstudiengang exakt nach diesem Modell organisiert war. Daß private Organisationen sofort auf dieses Verfahren zugeschnittene, kostenpflichtige Seminare für hilfesuchende Studenten anbieten, versteht sich dabei von selbst. Auch auf diese Art kann man Bildung privatisieren. Die Universität wird zu einem Zertifizierungsorgan, gelernt wird bei privaten Kursanbietern. Solches spart Kosten bei der Lehre, entlastet vor allem Studienrichtungen mit Massenandrang, schafft neben der Universität einen freien Markt von zusätzlichen Bildungsdienstleistungen und verabschiedet wieder ein Stück jener Universität, die als Gemeinschaft der Lehrenden und Lernenden gedacht war.

Auch die im Zuge des Bologna-Prozesses induzierte »Modularisierung« der Studien gehorcht vorab erst einmal einem quantifizierenden und vereinheitlichenden Prinzip: Studien aller Arten sollen in Modulen angeboten und absolviert werden können, wobei Module zusammenhängende Einheiten darstellen, die dann wie die Elemente eines Elektronik-Baukastens zusammengefügt und gegebenenfalls ausgetauscht werden können. In der Tat orientiert sich diese Überlegung weder am inneren Aufbau einer Wissenschaft und einer daraus abzuleitenden Didaktik noch an lerntheoretischen Erfordernissen, sondern am Modell eines industriellen Setzkastens, wie ihn etwa ein schwedisches Möbelhaus exzessiv praktiziert.

Bezogen auf die Wissenschaften bedeutet dies deren buchstäbliche Verdinglichung: entfremdeter Geist. Das, was in den europäischen Wissenschaftstraditionen als Lebendigkeit und Dynamik des Erkennens, Verstehens und Begreifens aufbewahrt ist und was eine dieser Lebendigkeit entsprechende Didaktik nötig gehabt hätte, wird nun »modularisiert«, zu Bauteilen zusammengepreßt und dann nach Herzenslust kombiniert.

Die ersten Ergebnisse dieser Wissensfabrik sind bereits zu besichtigen. Man fügt einige Basismodule Philosophie und Ethik zu einigen Modulen Betriebswirtschaftslehre und Managementtechniken – schon ergibt sich ein wunderbarer Studiengang »Business Ethics«. Angeblich retten solche Kombinationen an vielen universitären Standorten die ansonsten schwer gefährdete Philosophie. Wieviel allerdings von einer Philosophie zu halten ist, die ihrer Rettung durch die Ökonomie harrt, bleibe dahingestellt.

Natürlich wird man im Ernstfall lieber im Dienste der Wirtschaft denken als gar nicht denken. Die Scholastiker

des Mittelalters haben gezeigt, wie der Geist als Magd überleben kann. Das Pathos und der Erfolg der neuzeitlichen
Wissenschaft bestanden allerdings in der Kündigung dieses
aufgezwungenen Dienstvertrags. Davon möchten offenbar
die europäischen Bildungsreformer nichts mehr wissen.

Der Gedanke zum Beispiel, daß eine Wissenschaft deshalb eine Wissenschaft ist, weil sie eine spezifische Systema-
tik und Methodik enthält, die es eben nicht erlaubt, beliebige Elemente herauszuschneiden und mit anderen zu kom-
binieren, scheint ihnen völlig fremd geworden. Alte Studienordnungen, die etwa zwischen Hauptfach und Nebenfach
unterschieden und deren Koppelung vorschrieben, wußten
noch etwas davon und intendierten eine Interdisziplinarität,
die wenigstens die Beherrschung eines Faches zur Voraussetzung sinnfälliger Kombinationen machte.

Es stimmt schon: Studien werden immer irgendwie organisiert, und sie haben in den letzten Jahrzehnten schon so
manche curriculare Mode erlebt. Ob Lehr- oder Lernziele,
workloads oder Semesterstunden, Module oder Fächer den
Ton angeben, mag dabei sogar nebensächlich sein. An den
Organisationsformen und dem dazugehörigen Vokabular
läßt sich dann in der Regel auch wenig über die tatsächlich
geübte Praxis erfahren, schon gar nicht etwas über die Qualität der Studien, aber doch einiges über den Geist, der dazu
die normativen Vorstellungen liefert. Gegenwärtig ist es ein
Ungeist. Ein Blick in die Vorlesungsverzeichnisse modulari-
sierter Studien zeigt, daß nicht mehr die Sache, sondern Leistungspunkte, Modulzugehörigkeiten und Anrechnungs-
varianten im Zentrum der Aufmerksamkeit stehen; von
Neugier oder gar Begeisterung für die Wissenschaft wird
unter diesen Voraussetzungen wenig zu spüren sein. Im
Jonglieren mit Leistungspunkten und Modulkombinatio-
nen werden die Studenten aber notgedrungen eine wahre
Meisterschaft entwickeln.

Neben dem Chaos, das solche Umstellungsprozesse, vor allem, wenn sie, wie in Österreich und zum Teil auch in Deutschland, in abenteuerlich knappen Zeiträumen durchgepeitscht werden, für die interne Organisation von Universitäten darstellen, läßt sich an der Bologna-Ideologie einiges über den Verfall der Universitätsidee und der damit verbundenen Bildungskonzepte überhaupt ablesen. Seit in den frühen sechziger Jahren des 20. Jahrhunderts die Bildungskatastrophe ausgerufen wurde und seit den anschließenden Reformattacken hatten die Universitäten keine Chance mehr, sich auf ihre eigentlichen Aufgaben zu besinnen.

Zur Erinnerung: Die Innovationsschübe der Moderne, deren Zentren die Universitäten wurden, begannen in der Neuzeit mit einem Konzept von Wissenschaft, das diese aus allen politischen, religiösen, aber auch merkantilen Bindungen und Verpflichtungen befreien wollte. Darauf gründete der Wissenschaftsoptimismus der Moderne: Die ihrer eigenen Logik überlassene Forschung, die keinerlei Rücksicht nehmen muß, sollte der Garant für den zivilisatorischen Fortschritt sein.

Dieses Bekenntnis zu einer bedingungslosen Wissenschaftskultur als Fundament und Inhalt der Universität wird auch in der berühmten Vorlesung von Friedrich Wilhelm Joseph Schelling über die *Methode des akademischen Studiums* aus dem Jahre 1802 ausgesprochen. Nach Schelling sollte sich an der Universität die Idee des Wissens selbst realisieren, und zwar »die Idee des an sich selbst unbedingten Wissens, welches schlechthin nur Eines und in dem auch alles Wissen nur Eines ist, desjenigen Urwissens, welches, nur auf verschiedenen Stufen der erscheinenden idealen Welt sich in Zweige zerspaltend, in den ganzen unermeßlichen Baum der Erkenntnis sich ausbreitet«[53].

Natürlich, das ist Idealismus. Aber der Gedanke, daß sich die Moderne einem Begriff des wissenschaftlichen Wissens verdankt, der erst in der Summe der Disziplinen und Richtungen seine entscheidende Gestalt erhält, vermag noch immer zu illustrieren, was Universität ihrem Begriff nach bedeutete: gerade nicht das beziehungslose Nebeneinander von Fakultäten und Fächern, Methoden und Projekten, Zielen und Gegenständen, sondern das durch ein gemeinsames Wissenskonzept gestiftete Miteinander derselben. Daß nur noch wenige große Universitäten diesem Anspruch nachkommen können, ließe sich als eine Verpflichtung und Chance begreifen. Gerade das Gegenteil ist der Fall: Selbst große Universitäten reduzieren unter vordergründig ökonomischen Gesichtspunkten und um dem aus der Unternehmensideologie stammenden Phantasma der Profilbildung zu gehorchen ihre Forschungsschwerpunkte und ihre Studienangebote, und private oder auch öffentliche Universitätsneugründungen definieren diese ohnehin nur mehr als Ausbildungsstätte für einen extrem schmalen Bereich.

Mag man über die Berechtigung von Medizinuniversitäten noch streiten, dokumentieren Skurrilitäten wie eine »Universität für Wirtschaftsethik« oder eine »Universität für Psychotherapie« – ungeachtet der Qualität der speziellen Ausbildung, die an solchen Orten angeboten wird – nur, daß der Begriff der Universität vollkommen korrumpiert ist. Und dort, wo unternehmensnahe *Universities* aller Art wie Pilze aus dem Boden schießen, muß klar sein, daß diese Institutionen mit dem, was Universitäten einmal waren, nur noch den Namen gemeinsam haben. Auch die Gründung sogenannter Eliteuniversitäten, die sich bevorzugt in einem schmalen, aber als zukunftsträchtig erachteten Gebiet technisch-naturwissenschaftlicher Forschung ansiedeln, gehorcht einem Etikettenschwindel. Es fragt sich,

53 Friedrich Wilhelm Joseph von Schelling: Werke. Auswahl in drei Bänden. Herausgegeben und eingeleitet von Otto Weiß, Leipzig 1907, Bd. 2, S. 545

warum man Forschungsinstitute nicht Forschungsinstitute und Fachhochschulen nicht Fachhochschulen nennen kann, sondern alles noch vom Nimbus einer Universität zehren will, deren Abschaffung gleichzeitig das erklärte Ziel fast aller europäischen Bildungspolitiker ist.

Schelling glaubte noch, daß dieses Miteinander allen, die an diesem Wissen als Forschende, Lehrende und Lernende teilhatten, durch eine Philosophie zu geben sei, die Voraussetzungen, Methoden und Akzentuierungen dieser Wissensformen in bezug auf das Ganze des Wissens zu denken gehabt hätte. In Österreich hatte das alte »Philosophicum«, das vor seiner ersatzlosen Streichung zu einer Formalität degradiert worden war, versucht, diesen Gedanken aufzubewahren.

Weil das an einer Universität erarbeitete und vermittelte Wissen ein wissenschaftliches Wissen ist, Wissenschaft selbst aber eine nicht beliebige Form der Hervorbringung und Entwicklung von Wissen darstellt, ließe sich diese ursprüngliche Prämisse von Schelling sogar in eine moderne Fassung bringen: Universitäre Bildung bedeutete demnach, vor aller Spezialisierung in einem Fach einmal grundlegend in die Tradition, Problematik und Gestalt des neuzeitlichen Wissenschaftsbegriffes eingeführt worden zu sein. In diesem Sinn wäre eine Neufassung eines verpflichtenden Philosophicums, das eine wissenschaftstheoretische, eine wissenschaftshistorische und eine wissenschaftsphilosophische Ausrichtung hätte haben können, ein erster Schritt zur Wiedergewinnung der Universitas gewesen. Der flächendeckende Verzicht darauf, solche Fragen auch nur zu stellen, und alles auf Verfahren der bürokratischen Vereinheitlichung zu reduzieren, zeigt, wie weit die Architekten des europäischen Hochschulraumes von dem, was eine europäische Universität einmal bedeutete, der Idee und der Sache nach schon entfernt sind.

Der im Anschluß an Schelling wichtigste Traditionsstrang der Universität der Moderne ist gewiß die neuhumanistische, von Humboldt formulierte Einheit von Forschung und Lehre als das wesentliche Bestimmungsmerkmal der Universität gegenüber anderen Stätten der Forschung und der Ausbildung. In seinem Memorandum *Über die innere und äußere Organisation der höheren wissenschaftlichen Anstalten in Berlin* von 1809/10 war es Humboldt, was oft übersehen wird, um eine Neuordnung der Wissenslandschaft überhaupt gegangen. Er unterschied dabei drei Institutionen: die »Akademien« als reine Stätten der Forschung; die »Universitäten« als Stätten der Forschung und Lehre und als Organisationen, die in »engerer Beziehung auf das praktische Leben und die Bedürfnisse des Staates« stehen; und schließlich die von Humboldt sogenannten »leblosen Institute«, also Archive, Museen, Bibliotheken etc., die sowohl von Akademien als auch von Universitäten benutzt und kontrolliert werden sollten.

Von diesen wissenschaftlichen Instituten sind dann nach Humboldt die Gymnasien und die Spezialschulen zu unterscheiden, welche für die humanistische Grundausbildung beziehungsweise für gehobene berufliche Ausbildung zuständig sind. Trotz der von Humboldt erkannten und auch beförderten Nähe der Universität zur Berufsausbildung lagen der Sinn und das Wesen einer Universität für ihn nicht ausschließlich in der beruflichen Bildung, sondern vorrangig in der Arbeit an der Wissenschaft: in ihrer Entwicklung und in ihrer Vermittlung. Das und nur das unterscheidet die Universitäten von anderen Forschungseinrichtungen auf der einen und von allen anderen Schulen auf der anderen Seite: »Das Verhältnis von Lehrer und Schüler wird dadurch ein anderes als vorher. Der erstere ist nicht für den letzteren, Beide sind für die Wissenschaft da.«

Humboldt forderte also die gleichberechtigte Partnerschaft von Lehrenden und Studierenden im Geiste der Wissenschaft, wohl wissend, daß dazu »Freiheit und Einsamkeit« ebenso notwendig sind wie »ein ununterbrochenes, sich immer selbst wieder belebendes, aber ungezwungenes und absichtsloses Zusammenwirken« aller an diesem Prozeß Beteiligten. Humboldts Ideal war nicht der ihm oft unterstellte weltfremde Gelehrte im Elfenbeinturm. Aber welche der heute zu ergebnisorientierten Forschungsschwerpunkten und Vernetzungen abkommandierten Wissenschaftler könnten ihre Kommunikation mit den Kollegen noch als ungezwungenes und absichtsloses Zusammenwirken beschreiben? Die Voraussetzung universitärer Bildung – und damit war der Kreis der Studierenden selbstredend eingeschränkt – ist für Humboldt letztlich das aufrichtige Interesse an der Wissenschaft und ihrer Weiterentwicklung: »Sobald man aufhört, eigentlich Wissenschaft zu suchen, oder sich einbildet, sie brauche nicht aus der Tiefe des Geistes geschaffen, sondern könne durch Sammeln extensiv aneinandergereiht werden, so ist Alles unwiederbringlich und auf ewig verloren.«[54]

Fraglos könnte man für dieses zentrale Bestimmungsstück der Humboldtschen Universität, die Einheit von Lehre und Forschung, zeitgemäße Realisationsformen finden, die dem komplexen Organisationsgrad moderner Wissenschaften und den unterschiedlichen Wissenschaftskulturen angemessen wären. Tatsächlich läßt sich jedoch am Umgang damit eine *Chronique scandaleuse* der Universitäten ablesen. So hat die einseitige Beurteilung von Universitätskarrieren nach Forschungsleistungen und die Degradierung der Lehre zu einer ungeliebten Tätigkeit diese traditionelle Einheit im Inneren sabotiert. Andererseits mutierte die Universität

---

54 Wilhelm von Humboldt: Schriften zur Politik und zum Bildungswesen. In: Werke, Bd. IV, S. 257 f.

über weite Strecken seit den Bildungsreformen der siebziger Jahre zu einer Höheren Schule, die Wissen zwar weitergibt, aber nicht mehr in ausreichendem Maße selbst hervorbringt, und wenn, dann in mehr oder weniger strikter Trennung von der Lehre.

Die wiederholt erhobene Forderung, die Forschung deshalb überhaupt auszulagern und die Universitäten auf die Lehre festzulegen, stellt deshalb eine permanente Bedrohung der Universität dar. Ein amerikanischen Verhältnissen nachempfundenes Modell, nach dem nur noch wenige Universitäten, die mit entsprechenden Mitteln ausgestattet werden, als »Forschungsuniversitäten« definiert werden, der Großteil der Universitäten aber auf Aus- und Weiterbildungsfunktionen reduziert wird, zeichnet sich am Horizont des europäischen Bildungsraumes ab.[55]

Was die Auflösung der Einheit von Forschung und Lehre betrifft, legt das Bologna-Modell eine Lösung nahe, die die Universitäten von innen her demoliert. Nur zu deutlich ist, daß für die Bachelor-Studiengänge, in denen kaum wissenschaftliche Reputation erworben werden kann, forschende Lehre nicht mehr vorkommen wird. Die Exzellenzprojekte, die in Deutschland an den Universitäten gefördert werden sollen, und die Eliteuniversität, die in Österreich gegründet wird, setzen überhaupt erst nach einem abgeschlossenen Magister- oder Doktoratsstudium an. Die Idee der Einheit von Forschung und Lehre, die einstens die Universität definieren sollte, wird also erst nach der Universität realisiert. Wer von den Professoren auf sich hält, wird danach trachten, in solchen Graduiertenprogrammen tätig zu werden. Die Zweiklassenuniversität zeichnet sich auch unter dem

---

55 Georg Winckler: »Hampton Court« und die Universitäten. Ein Tour d'Horizon über die zukünftige Rolle der europäischen Hochschulen. In: Neue Zürcher Zeitung, 25. April 2006

Gesichtspunkt der Lehre als Konsequenz der Bildungsreformen ab.

Damit stellt sich die Frage nach dem Interesse der Öffentlichkeit, die dieses System mangels privater Investoren in hohem Maße finanzieren muß. Wilhelm von Humboldt hatte an den Staat in bezug auf die Universitäten noch klare Forderungen gestellt: Der Staat hat erstens die »Pflicht«, die Mittel für die Bearbeitung und Entwicklung der Wissenschaft »herbeizuschaffen«; zweitens hat er die Oberaufsicht über die wissenschaftlichen Institute, er hat dafür zu sorgen, daß die Universitäten mit geeigneten Lehrern ausgestattet werden und daß es zwischen den Universitäten einerseits und den Akademien und Archiven andererseits zu einem lebendigen Austausch und einer fruchtbaren Konkurrenz kommt; und drittens hat sich der Staat bewußt zu sein, daß er darüber hinaus im Bereich der Wissenschaft nichts bewirken kann.[56] Auch darin spricht die europäische Gegenwart den Humboldtschen Überlegungen hohn.

Das Verhältnis der Universitäten zum Staat hat neben ökonomischen und juristischen auch prinzipielle Dimensionen. Dabei wird letztlich über den öffentlichen Charakter von Wissenschaft entschieden. Über die Bedeutung von Forschung im naturwissenschaftlich-technischen Bereich herrscht in der Regel Konsens. Die Debatte beginnt, wenn über die Finanzierung, die Strukturen, die inhaltliche Ausrichtung und die erwartbare Verwertbarkeit geistes- und humanwissenschaftlicher Forschung diskutiert wird. Daß Forschung, welcher Art auch immer, nicht ausschließlich dem Staat vorbehalten ist, versteht sich von selbst. Die Forschungsleistungen privater Unternehmen sind ebenso legitim wie anerkennenswert. Daß aber umgekehrt eine konkurrenzfähige staatliche, das heißt öffentlich geförderte

56 Humboldt, Werke, Bd. IV, S. 256 f.

Forschung, vor allem im Bereich der Geistes- und Gesellschaftswissenschaften sowie der medizinischen und naturwissenschaftlichen Grundlagenforschung, notwendig ist, ist geradezu ein demokratiepolitisches Postulat.

Der Charakter des wissenschaftlichen Wissens zeichnet sich gegenüber anderen, esoterischen Wissensformen gerade dadurch aus, daß er prinzipiell exoterisch, also öffentlich ist; der Staat als Repräsentant der politischen Öffentlichkeit hätte dem insofern Rechnung zu tragen, als er gewährleisten müßte, daß in allen wesentlichen Bereichen eine leistungsfähige, von privaten, das heißt partikularen Interessen letztlich unabhängige Forschung existiert, die es erlaubt, die Produktion von Wissen wenigstens im Prinzip transparent zu halten und private Forschungsinteressen gegebenenfalls auszugleichen oder zu konterkarieren. Forschungspolitik, die diesen Namen verdiente, hätte dafür zu sorgen, daß die Freiheit der Forschung nicht nur nicht behindert, sondern garantiert und gefördert wird.

Die in vielen Bereichen in den letzten Jahren durchgesetzte sogenannte Autonomie der Universitäten scheint auf den ersten Blick genau der Forderung nach Freiheit der Lehre und Forschung zu entsprechen. Ausgestattet mit garantierten Budgets, die zumindest die Basisausstattung und zentrale Bereiche der Lehre abdecken sollen, können die Universitäten zunehmend frei über Personal, anzubietende Studienrichtungen und Forschungsschwerpunkte entscheiden. Es ist allerdings erstaunlich, daß dort, wo dieser Übergang in die Autonomie vollzogen wird, die davon Betroffenen nicht selten den Eindruck haben, daß Freiheitsräume nicht erweitert, sondern auf allen Ebenen eingeengt werden. Die in einem institutionellen und ökonomischen Sinn autonome Universität ist noch lange keine freie Universität. Autonomie ist oft ein Euphemismus für Mangelverwaltung, die der sparsame Staat nun den Universitäten selbst überläßt; und über Budgetvereinbarungen, Wissensbilanzen und europäische Vorgaben sind die Universitäten nicht nur nach wie vor der Politik ausgeliefert; über Drittmittelgeber, Akkreditierungs- und Evaluationsagenturen und Universitätsräte regieren auch zunehmend private Interessen in die Belange der Universitäten hinein. Die herrschende Ideologie der Entstaatlichung hinterläßt hier deutlich Spuren. Der Zugriff des Marktes und eine Auslagerung der politischen Kontrolle auf informelle mediale Öffentlichkeiten führt zu einer »Zähmung der wissenschaftlichen Neugier«,[57] die sich unter Umständen für eine innovationssüchtige Gesellschaft als kontraproduktiv erweisen könnten.

Gegenüber den von Staatsbürokratien gelenkten Universitäten haben sich vor allem die Kontroll- und Steuerungsmechanismen verändert: Sie wurden verinnerlicht. Damit sind sie im Gegensatz zur ministeriellen Behörde vergangener Tage unsichtbar geworden. Das Konzept der Selbststeuerung von Organisationen durch permanente Kontrolle, das auch an anderen Orten gesellschaftlicher Entwicklung anstelle offener Herrschafts- und Machtverhältnisse getreten ist, ist an den Universitäten am reinsten und doch in paradoxer Weise ausgebildet, da sich diese unverändert als Zentren der Reflexion betrachten, die es sich jedoch versagen müssen, das zu reflektieren, was an und mit ihnen selbst geschieht. Fast alle Steuerungs- und Kontrollverfahren wurden nicht aus den inneren Bedürfnissen und Strukturen der Universitäten entwickelt, sondern von außen, vor allem aus dem Bereich der Unternehmensberatung und der ihnen angeschlossenen Managementtechnologien, übernommen.

Es ist schon erstaunlich, daß Wissenschaftler, die noch vor ein paar Jahren glaubten, gesellschaftliche Entwicklun-

---

57 Helga Nowotny: Unersättliche Neugier. Innovationen in einer fragilen Zukunft. Berlin 2005, S. 34

gen kritisch auf den Begriff bringen zu können, angesichts dummdreister Sprechblasen aus dem Jargon des *New Management* nahezu widerstandslos kapitulieren. Daß es niemand mehr auffällig findet, wenn Universitätslehrer zur Nachbesserung ihrer hochschuldidaktischen Fähigkeiten zu einer Unternehmensberaterin mit abgebrochenem Psychologiestudium geschickt werden, daß es niemand anstößig findet, wenn Kandidaten für eine Professur oder Assistentenstelle sich im *Assessment Center* produzieren müssen, daß niemand aufschreit, wenn die letzten Ladenhüter der Unternehmensideologien den Universitäten als der neueste Schrei verkauft werden – vom *Blended Learning* über *Diversity Management* bis hin zur »Wissensbilanz« –, sagt eigentlich alles über die Widerstandskraft der institutionalisierten Wissenschaft gegenüber dem Zeitgeist: Sie ist so gut wie nicht vorhanden.

Die Tragödie, die sich angesichts der Ideologisierung und Politisierung der Universitäten im vergangenen Jahrhundert ereignete, wiederholt sich gegenwärtig angesichts ihrer Ökonomisierung: aber als Farce. Die großen Worte, die die Durchsetzung des europäischen Hochschulraumes begleiten, können über diese Farce nicht hinwegtrösten. Wohl aber könnte es sein, daß am Ende des Bologna-Prozesses die Farce doch wieder zu einer gesellschafts- und bildungspolitischen Tragödie wird.

7.

Elitenbildung und Gegenaufklärung

WENN alles gut geht, wird es in wenigen Jahren in Europa von wissenschaftlichen Eliteeinrichtungen, Exzellenz-Clustern, Institutes of Technology, Spitzenforschungsstätten und Weltklasseuniversitäten nur so wimmeln. Nachdem die EU ein *European Institute of Technology* (EIT) ankündigt, ausgewählte deutsche Universitäten mit Exzellenzprogrammen aufgerüstet werden und in der ehemaligen Nervenheilanstalt Maria Gugging in Niederösterreich binnen weniger Jahre unter dem Namen *Institute of Technology and Science Austria* (ISTA) gleich eine ganze Eliteuniversität herbeigezaubert werden soll, muß man sich um die Zukunft des Kontinents keine Sorgen mehr machen. Harvard, geht es nach dem Willen der europäischen Bildungsplaner, wird bald alt aussehen, das MIT zu einer regionalen Größe herabsinken und der *brain drain* von Singapur ins Alpenvorland atemberaubende Dimensionen annehmen. Endlich wettbewerbsfähig geworden, wird sich die neue europäische Wissenschaftselite als dynamischer Kern jener privilegierten Schicht von »Symbolanalytikern und Wissensarbeitern« herauskristallisieren, denen nach den utopischen Vorstellungen so mancher Modernisierungseuphoriker die Zukunft gehört.[58]

Jenseits des ideologischen Wortgeklingels läßt sich in der

---

58 Peter Glotz: Rückblick auf das 21. Jahrhundert. In: Rudolf Maresch /Florian Rötzer (Hg.): Renaissance der Utopie. Zukunftsfiguren des 21. Jahrhundert. Frankfurt/Main 2004, S. 24

Tat eine bemerkenswerte Verschiebung im bildungspolitischen Diskurs beobachten. Begriffe wie Elite oder Exzellenz, die seit dem Zweiten Weltkrieg im Vokabular der Bildungsexperten nicht vorkamen, haben sich binnen weniger Jahre nicht nur einen festen Platz in deren Repertoire erworben, sondern wurden auch mit einer Aura umgeben, die eine Kritik etwa am Konzept von Eliteinstituten kaum mehr zulässig erscheinen läßt. Eine auf Rekorde und Spitzenleistungen versessene Gesellschaft kann gar nicht anders, als sich auch Wissenschaft nach eben diesen Prinzipien organisiert vorzustellen, und die Berichte über *Big Science* und weltweit umworbene Spitzenforscher erinnern immer öfter an die Hintergrundreportagen über die Transfersummen in der Champions League.

Daß dabei in der Regel an Naturwissenschaft und Technik gedacht wird, an Klonforscher, Molekularbiologen, Quantenmechaniker, Biomediziner und Nanotechniker, gehört zum Bild einer Wissenschaft, deren Bedeutung eng mit den aufzuwendenden Mitteln und den anvisierten Profiten korreliert. Den Geisteswissenschaften wurde es zum Verhängnis, daß sie ohne großen materiellen Aufwand betrieben werden können. Wenn die Eintreibung von Drittmitteln zum Qualitätskriterium einer Wissenschaft wird, wird der zum Versager, der solche Mittel gar nicht benötigt, weil ein Kopf zum Denken genügt. Ein kleines geisteswissenschaftliches Institut, das kaum mehr kostet als ein Professor und seine Assistenz, aber nur wenige Absolventen aufzuweisen hat, muß deshalb aus Kostengründen geschlossen werden; die paar hundert Millionen Euro, die für ein schlecht geplantes Technologieinstitut so nebenbei in den Sand gesetzt werden, fallen demgegenüber nicht weiter ins Gewicht.

Was an der neuen Konzentration von Exzellenz-, Schwerpunkt- und Elitenbildung so stört, ist vorab weniger die Idee, daß ausgezeichnete Leistungen in der Wissenschaft angestrebt und nach bestem Wissen und Gewissen unterstützt werden sollen, sondern ein dahinter stehender Ungeist, der letztlich nicht Forschungsförderung betreibt, sondern Wissenschaftsplanung nach vorgegebenen Zielvorstellungen. Investiert wird in Bereiche, in denen man die Märkte der nahen Zukunft wittert, rund um den Erdball werden, sofern man das Geld dafür aufbringt, die »besten Köpfe« eingekauft, um einer Institution Gewicht und Reputation zu verleihen, angetrieben wird dies vom Diktat der Rankings. Alles andere gerät dabei notgedrungen ins Abseits.

Naiv wäre es zu glauben, daß solche Fixierung auf sogenannte Spitzenleistungen ohne Auswirkungen auf den Alltag der Universitäten bliebe. Die Forderung nach Elite und Exzellenz dient allzu schnell dazu, unliebsam gewordene Forschungsbereiche und Studienrichtungen zuerst finanziell auszuhungern und dann, wegen mangelnder Leistungsfähigkeit, zu schließen.

Der Gegensatz zur Elite war immer schon das gemeine Volk. In der Wissenschaft ist das nicht anders. Gegenüber den verhätschelten Spitzeninstituten stehen die verarmten Universitäten und Hochschulen, die mit dem Makel der Wettbewerbsunfähigkeit leben müssen. Gebannt starren nun alle auf die neuen Eliten, zu denen sie sich selbstredend zählen. Der Hang zur Elite und zur Etablierung von Eliteinstitutionen hat natürlich einen plausiblen Kern. Dieser läßt sich, leicht verkürzt, in einen einzigen Satz fassen: Nachdem die Universitäten durch die Reformen der letzten Jahrzehnte hoffnungslos ruiniert worden sind, müssen sie unter anderem Namen noch einmal erfunden werden.

Zumindest fällt auf, daß man alles das, was den Universitäten in den letzten Jahren zugemutet wurde, an den neuen Eliteeinrichtungen gerade nicht haben will. Natürlich werden diese per definitionem keine Massenveranstaltungen sein, und wenn überhaupt noch ausgebildet wird, dann nur solche Nachwuchswissenschaftler, die schon einen akademischen Abschluß vorzuweisen haben und sich durch herausragende Leistungen für eine weitere forschungsorientierte Ausbildung empfehlen. Die Verwaltung soll schlank sein, und selbstredend wird den Eliteforschern all das an Administration, Planungs- und Gremienarbeit, Mitteleinwerbung und Erstellen von Statistiken aller Art, was den Universitätsalltag so unerträglich macht, nicht zugemutet werden können; an den Elitestätten soll gelten, was man den Universitäten als Flausen ausgetrieben hat – daß Forschung vor allem eines braucht: Zeit und Freiheit.

Wer immer an einer Universität tätig ist, hat nur eine Sehnsucht: Einmal in Ruhe und ohne Zwang und Vorgabe das machen zu können, zu dem er angeblich auch angestellt worden ist: nachdenken, forschen, experimentieren, schreiben. Keine Wunder, daß die Vorworte wissenschaftlicher Veröffentlichungen voll sind von Danksagungen an jene Institutionen, Kollegs und Einrichtungen, die einen wenigstens für ein paar Monate vom Joch des universitären Alltags befreiten. Der ganze Ziel- und Leistungsvereinbarungsunsinn, der an den Universitäten seit geraumer Zeit sein Unwesen treibt und Erkenntnis als Produkt von Planung definiert, soll deshalb dort, wo die Elite werkt, nicht gelten.

Mit einem Wort: Zumindest was die Forschung betrifft, wird einiges von dem, was nach der Humboldtschen Idee eine Universität auszeichnet und was jahrzehntelang als unmodern, reaktionär, überholt oder nicht mehr zeitgemäß denunziert worden war, an der Eliteuniversität wieder reüssieren. Das muß diejenigen, die solche Verhältnisse wenigstens tendenziell an jeder Universität verankert wissen wollten und dafür als Reformverweigerer gebrandmarkt wurden, dann doch verärgern. Daß darüber hinaus reine Forschungsinstitute, an denen kaum gelehrt wird, als Eliteuniversitäten tituliert werden, stellt nicht nur einen Etikettenschwindel dar, sondern deutet auch an, daß man bereit ist, sich vom Konzept der Universität als einer wissenschaftlichen Anstalt, in der grundlegend geforscht und gelehrt wird, stillschweigend zu verabschieden.

Während die traditionellen Universitäten zu mehr oder weniger berufsqualifizierenden Ausbildungsgängen mit knappen Ressourcen heruntergewirtschaftet worden sind, rettet sich die halbierte humanistische Universitätsidee in die aus dem neoliberalen Geist des Wettbewerbs geborene Elitekonzeption. Hegel nannte solche Vertracktheit die List der Vernunft.

Am Ende werden genau jene drei oder vier Prozent der Studierenden in den Genuß einer fundierten wissenschaftlichen Ausbildung kommen, die vor den Reformen die damals noch funktionierenden Universitäten besuchten. Die hohen Akademikerraten, die durch eine Inflation an *Masters* aller Art noch einmal geschönt werden, stellen so das größte bildungspolitische Täuschungsmanöver der Neuzeit dar.

Der Ruf nach der Elite markiert nicht nur die Sehnsucht nach einer akademischen Spitze, er indiziert auch den prekären Zustand der Universitäten insgesamt. Die Programme, die den Universitäten unter Stichworten wie Hochschulzugang für alle, Emanzipation und Demokratisierung oktroyiert worden waren, haben letztlich die Universitäten in eine ausweglose Situation manövriert – und dies nicht unbedingt, weil die damit verbundenen gesellschafts- und bildungspolitischen Konzepte blanker Unsinn gewesen wären, sondern weil man sie mit Mitteln und unter Bedingungen erreichen wollte, die nicht genügten. Es mußte nach der Öffnung der Universitäten bald klar werden, daß die Bildungskatastrophe, die dadurch abgewehrt werden sollte, in dem Maß perpetuiert und verschärft wurde, in dem die Universitäten dadurch zu schlecht ausgestatteten, überlaufenen

und bürokratisierten Monstren werden mußten, durch Mit-
bestimmungskonzepte zwar ideologisch aufgerüstet, in der
Realität aber durch komplexe politische Interessenlagen,
Unterdotierung und schlichte Überlastung gelähmt.

Das Schreckgespenst der Massenuniversität hätte allerdings viel von seinem Schrecken verloren, hätte man sich
den damit verbundenen Problemen angemessen gestellt.
Daß an einer Universität Tausende studieren, ist an sich keine Tragödie. Die heute beschworene Idylle der angelsächsischen Campus-Universität, in der wenige Gelehrte mit wenigen Adepten eine innige Geistesgemeinschaft bilden, taugt
zwar als poetisches Gegenbild zur Realität überfüllter Hör-
säle, diskreditiert aber die Idee der großen Universität noch
nicht. Auch an Massenuniversitäten kann das Betreuungs-
verhältnis gut sein – vorausgesetzt, es gibt genügend Professoren; auch an Massenuniversitäten kann erstklassige
Forschung betrieben werden – vorausgesetzt, die Belastung
durch Lehre und Verwaltung wird angemessen verteilt und
bei Bedarf delegiert; auch an der Massenuniversität haben
begabte und eifrige Studenten die Möglichkeit, sich zu pro-
filieren – vorausgesetzt, es gibt genügend Seminare, in denen sie auffallen können.

Umgekehrt könnte eine große Universität Vorteile bieten, an die die Möglichkeiten eines Campus nicht heranrei-
chen. Eine Vielzahl von Professoren könnte einen fruchtbaren Methodenpluralismus und Methodenstreit an Ort
und Stelle provozieren, umfassende Angebote verschiede-
ner Studien und zahlreiche Forschungsfelder könnten dem
alten Anspruch einer *Universitas litterarum* neues Leben
einhauchen und die Provinzialität von Schwerpunkt- und
Profilbildungen konterkarieren, und nicht zuletzt hat eine
Massenuniversität das zu bieten, was die Attraktivität jeder
Metropole ausmacht: Anonymität. Die Kontrollmöglich-
keiten sind im überschaubaren Raum mit kleiner Besetzung

wesentlich größer als in einem gut gefüllten Auditorium Maximum, und manch ein freier Geist bedarf weniger der permanenten Führung und Betreuung als des Gefühls, sich aus der Anonymität der vielen überhaupt erst entfalten zu können.

Solche und andere Möglichkeiten haben die Betreiber der Massenuniversitäten allerdings verspielt, indem sie auf das möglichst reibungslose Durchschleusen großer Studentenzahlen als einziges Ziel setzten. Dies konnte bei den gegebenen Verhältnissen nur mit der Senkung der Ansprüche und mit dem Verlust von Wissenschaftlichkeit erkauft werden. Anstatt dem gegenzusteuern und den Universitäten ihre Universitas zurückzugeben, werden nun Eliteinstitute gefordert. Daß in den Gründungskomitees dieser Anstalten mitunter Rektoren jener Universitäten sitzen, die man zu reinen Ausbildungsstätten verkommen läßt, vervollständigt ein Bild, das durch ideologische Schaumschlägerei und praktischen Zynismus gekennzeichnet ist.

Doch auch wenn man diese Entwicklung für notwendig hält – woher stammt eigentlich die neue Faszination für den Begriff der Elite? Warum genügt es nicht, das Scheitern der Universitätsreformen einzugestehen und deshalb die Gründung kleiner, aber gut ausgestatteter Institute zu fordern, damit – zumindest in Wissenschaften mit Marktchancen – eine ungestörte Forschung möglich ist? Warum differenziert man nicht zwischen höheren Berufsschulen, zu denen die meisten sogenannten Universitäten gehören, und jenen Einrichtungen, an denen tatsächlich durchgängig an der Einheit von Forschung und Lehre orientierte Bildungsgänge angeboten werden? Warum die Ausweitung des Universitätsbegriffs auf nahezu alle postsekundären Ausbildungen und gleichzeitig der Ruf nach Elite und Exzellenz?

Die neue Liebe zu diesen alten Begriffen speist sich aus wissenschafts- und forschungspolitischen sowie sozialpolitischen Motiven. Elite kann immer nur als Gemeinschaft gedacht werden – die Gemeinschaft der Auserlesenen. Einmal abgesehen von der Frage, wer nach welchen Kriterien diese Auslese vornimmt, geht es bei Elitenbildung um die Konstitution einer sozialen Einheit, die sich durch eine eigentümliche Differenz gegenüber allen anderen konstituiert: Diese sind nämlich per definitionem einfach die Schlechteren. Die betuliche Versicherung der Elitenbildner, daß es dabei um funktionale Eliten gehe, um Leistungseliten, und daß niemand daran denke, aus der Tatsache wissenschaftlicher Spitzenleistungen soziale Privilegien abzuleiten, ist ein Märchen. Dort, wo es funktionierende Eliteuniversitäten gibt, fungieren diese nicht nur als hervorragende Plätze für Forschung und mitunter für Lehre, sondern vor allem auch als Produktions- und Reproduktionsstätten sozialer Zugehörigkeiten, die bei weitem nicht mit den intellektuellen Ansprüchen korrelieren, die man an eine Elite stellen möchte.

Die Internationalisierung der Wissenschaften ist ein weltweiter sozialer Segregationsprozeß, in dem sich eine schmale Schicht herauskristallisiert, deren Mitglieder in der Regel nur mehr mit ihresgleichen kommunizieren, sich von ihresgleichen bewerten lassen und mit ihresgleichen durch Rituale, Verbindungen und wechselseitige Hilfestellungen bei aller Konkurrenz eine verschworene Gemeinschaft bilden. Dem wissenschaftlichen Fortschritt sind institutionalisierte Elitenbildungen übrigens nicht sonderlich dienlich: Sie erzeugen einen informellen Druck zur sozialen und intellektuellen Anpassung und sabotieren jene unorthodoxen und abseitigen Charaktere, ohne die es keine Innovationen gäbe.

Das Konzept der Wissenseliten nimmt den seit der Moderne zum Programm erhobenen exoterischen Charakter der Wissenschaften, ihre Öffentlichkeit und ihren Anspruch, selbst an der Aufklärung mitzuwirken und diese mitzutragen, in einem rasanten Tempo zurück. Eliten sondern sich ab, vorrangig einmal durch die Sprache, die sie verwenden. Man muß die rasche Etablierung des Englischen als alleinige Wissenschaftssprache ja nicht gleich als puren Sprachimperialismus[59] diskreditieren – bei allem Wettbewerbsvorteil, den *native speakers* gegenüber jenen haben, die diese Sprache erst erwerben müssen, sind die Erleichterungen in der Kommunikation unübersehbar –, aber man soll auch nicht die Augen davor verschließen, daß in dem Maße, in dem nationale Sprachen aufhören, auch Wissenschaftssprachen zu sein, genau jenes Motiv außer Kraft gesetzt wird, das in und durch die Aufklärung dazu geführt hatte, die einstige Wissenschaftssprache Latein durch die Volkssprachen zu ersetzen.

Wissenschaft, forderte Christian Thomasius im späten 17. Jahrhundert, sollte sich an alle richten und nicht nur an den elitären Zirkel der Gelehrten,[60] und für Immanuel Kant war Wissenschaft untrennbar verbunden mit dem, was er öffentlichen Vernunftgebrauch genannt hatte.[61] Daß nun auch in nicht englischsprachigen Ländern immer mehr gehobene Studiengänge in Englisch angeboten werden, mag die erwünschte Internationalisierung befördern, enthält aber die Gefahr, daß für entscheidende Bereiche aus den Wissenschaften, der Technik, der Ökonomie und zunehmend auch der Politik und des Rechts in der eigenen Sprache schlicht die Begrifflichkeiten fehlen. Wer beobachtet hat, wie ein Experte verzweifelt nach dem muttersprach-

---

59 Robert Phillipson: Linguistic imperialism. Oxford 1992

60 Hanspeter Marti: Ausbildung. Schule und Universität. In: Dülmen / Rauschenbach (Hg.), Die Macht des Wissens, S. 410

61 Immanuel Kant: Beantwortung der Frage: Was ist Aufklärung? Werkausgabe, Bd. XI, Frankfurt/Main 1978, S. 51 ff.

lichen Wort für jenen Begriff sucht, der ihm nur mehr als
englischer Terminus geläufig ist, ahnt, welche Entwicklung
sich hier abzeichnet. Zuerst findet man das Wort nicht mehr,
dann weiß man nicht mehr, daß es dafür einmal ein deutsches Wort gegeben hat, dann gibt es dieses Wort nicht mehr.

Jenseits der unbestreitbaren Vorteile, die diese Entwicklung für die *Scientific community* bringt, bedeutet dies, daß
die anderen europäischen Sprachen sukzessive die Kompetenz verlieren, die zentralen Bereiche der modernen Gesellschaft – Wissenschaft, Technik, Wirtschaft und Recht – auch
nur terminologisch angemessen auszudrücken, und dies
nicht, weil sie dafür keine Worte hätten, sondern weil diese
programmatisch verdrängt oder nicht mehr entwickelt werden. Die Sprachwissenschaft bezeichnet dieses Phänomen
als »Domänenverlust« einer Sprache und definiert diesen als
»Verlust der Kommunikationsfähigkeit in der eigenen Sprache auf *allen* Ebenen eines Wissensgebietes wegen fehlender
Weiterentwicklung der erforderlichen fachsprachlichen Mittel«[62].

Dabei geht es, um Mißverständnissen vorzubeugen, nicht
um einen borinierten Sprachpurismus, sondern um die Tatsache, daß viele europäische Sprachen für entscheidende Bereiche des modernen Lebens schlicht ihre Kompetenz verlieren. Das trifft die kleineren nordeuropäischen Sprachen,
aber zunehmend auch das Deutsche und einige romanische
Sprachen. Wenn nur noch die schöne Literatur als einziges
elaboriertes Betätigungsfeld für die Nationalsprachen übrig-
bleibt, haben diese aufgehört, integrale Momente der Kultur zu sein. Der Ratschlag an angehende Schriftsteller, doch

---

62 Positionspapier des »Rates für Deutschsprachige Terminologie« nach einer Vorlage von Christer Laurén (Universität Vasa), Johan Myking (Universität Bergen), Heribert Picht (Copenhagen Business School). Bern
   2004, S. 1

ihre Romane gleich in Englisch zu schreiben, wenn sie in der ersten Liga mitspielen wollen, wird nicht lange auf sich warten lassen. Die Konsequenz wäre, den alten europäischen Nationalsprachen nur den Status regionaler Dialekte zuzugestehen, der ausreicht, alltägliche Verrichtungen zu beschreiben; sobald es gehoben, professionell, gar wissenschaftlich wird, fehlen die Worte, und man wechselt die Sprache.

Solche Entwicklungen sind nicht neu, und lange hatten das Lateinische als Kirchen- und Wissenschaftssprache, dann das Französische und in Ostmitteleuropa das Deutsche diesen Status als Sprache der Eliten eingenommen. Bislang war die Dominanz gehobener Verkehrssprachen immer verbunden gewesen mit der Dominanz gesellschaftlicher Gruppen, die sich diese Sprache als Herrschaftsinstrument und Distinktionsmerkmal zugelegt hatten. Nun trifft wahrscheinlich zu, daß heute mehr Menschen das Englische beherrschen als seinerzeit das Lateinische oder Französische. Aber solange nicht Englisch für alle die erste Sprache geworden ist – ein durchaus fragwürdiges Ideal –, bedeutet die Dominanz des Englischen die Etablierung einer bevorzugten Sprach- und damit Denkkultur gegenüber den anderen nationalsprachlichen Traditionen.

Freilich erstaunt bei aller Zwangsläufigkeit, die man solchen Prozessen im Kontext der Globalisierung zuschreibt, der beflissene Eifer, mit dem vor allem im deutschen Sprachraum an der Abschaffung des Deutschen als Wissenschafts- und Arbeitssprache gearbeitet wird. Fast scheint es so, als sähen viele Deutsche und Österreicher darin die lange ersehnte Möglichkeit erfüllt, sich endgültig vom Makel des Deutschtums und des Nationalismus zu befreien. Wer im Beruf und zunehmend im privaten Verkehr – hier nicht ohne kokettes Augenzwinkern – dem Englischen den Vorzug gibt, hat sich damit als Bürger einer Weltzivilisation ausgewiesen, den nichts mehr mit dem verbohrten Rest der Bevölkerung verbindet, auch scheint er gefeit vor jeder Form reaktionärer Deutschtümelei. Solche Intentionen mögen aus der historischen Perspektive gute Gründe haben und ehrenwert sein – doch scheinen sie auch motiviert zu sein von einem Haß auf das Eigene, der sich selbst als Ausdruck einer ziemlich bornierten und für Dünkel höchst anfälligen negativen Fixierung erweisen könnte.

Angesichts der Dynamik dieser Entwicklung wird der jüngste Versuch des deutschen Wissenschaftsrates, zumindest in Teilen der Geisteswissenschaft die deutsche Sprache als Wissenschaftssprache zu erhalten, wahrscheinlich vergeblich sein, auch wenn dafür gute Gründe angeführt werden können. Wie dramatisch diese Entwicklung verlaufen ist, wird deutlich, wenn man etwa daran erinnert, daß Hans Georg Gadamer noch in den späten achtziger Jahren des vorigen Jahrhunderts zwar die Funktionalität und Notwendigkeit einer Einheitssprache für die Naturwissenschaften unterstrich, für die Geisteswissenschaften dieses Ansinnen aber deutlich zurückwies: »Man wird geradezu sagen dürfen, daß die Vielheit der Nationalsprachen Europas mit dem Faktum der Geisteswissenschaften und ihrer Funktion im Kulturleben der Menschheit aufs innigste verwachsen ist. Man kann sich nicht einmal vorstellen, daß diese Kulturwelt sich, auch wenn es noch so praktisch wäre, für die Geisteswissenschaften ebenso auf eine internationale Verkehrssprache einigen könnte, wie sich das in der Naturforschung schon seit längerem anbahnt.«[63]

Die nahezu widerstandslose Akzeptanz des Englischen als Kongreß- und Verkehrssprache auch der Geisteswissenschaften deutet an, daß der Zusammenhang zwischen Sprache, Kultur, Geschichtsbewußtsein und Reflexionsvermö-

63 Hans Georg Gadamer: Das Erbe Europas. Frankfurt/Main 1989, S. 36

gen, der für Gadamer noch evident gewesen war, seine Gültigkeit verloren hat. Geblendet vom Phantasma der Internationalisierung und ängstlich darauf bedacht, nur ja nicht in den Geruch nationaler oder gar nationalistischer Denkweisen zu geraten, haben die Geisteswissenschaften vor allem des deutschsprachigen Raumes darauf verzichtet, diesen Transformationsprozeß selbst zu einem Gegenstand der kritischen Reflexion zu machen. Darüber zu räsonieren, was an Präzision, Kenntnis und Differenzierungsvermögen verlorengeht, wenn dort, wo es um Sprache und Sprachgebundenheit selbst geht, in einer fremden Sprache gesprochen, geschrieben und gedacht werden muß, gilt als höchst unfein. Darüber redet man nicht, denn wo die Weltelite winkt, will sich niemand zur Provinz Europa und ihrer Vielfalt rechnen lassen. Die Bekenntnisse zum kulturellen Pluralismus erfolgen so in der Regel in einer normierten Einheitssprache.

Die Wissenseliten zeichnen sich so nicht unbedingt durch Originalität und Kreativität aus, sondern vorab durch ein äußerliches Merkmal: die Verwendung des Englischen. Das kann, wie bei allen Signaturen von Eliten, ziemlich skurrile Züge annehmen: Wenn bei in Deutschland stattfindenden Tagungen aus Deutschland stammende Vortragende vor einem deutschsprachigen Publikum englisch sprechen, um ihre Internationalität zu beweisen, dann ist das mindestens so abstrus wie die Tatsache, daß Projektanträge über ein Thema der österreichischen Literaturgeschichte auf englisch abgefaßt werden müssen; und ob es zur Internationalisierung beiträgt, wenn eine inneralpine Universität die Stätten ihrer physischen Notdurft statt mit dem aus dem Englischen stammenden WC nun mit dem amerikanischen *restroom* signiert, mag dahingestellt bleiben; ob die Unsitte, akademische Abschlüsse, Studiengänge, Institutsbezeichnungen, Doktoratsprogramme und Forschungsprojekte nur noch mit englischen Titeln zu versehen, tatsächlich Weltspitze signalisiert oder diese nur vorgaukelt, wäre zu diskutieren. Daß man den Elitekollegen aus Übersee nicht einmal jenen Rest an Sprachkompetenz zutraut, der es ihnen zum Beispiel ermöglichen könnte, einen exotischen Terminus wie »Universität Wien« korrekt zu identifizieren, mußte notgedrungen – man will nicht falsch lokalisiert werden – dazu führen, daß die einstige Alma Mater Rudolphina zumindest im offiziellen Briefverkehr nun auch »University of Vienna« heißt. Daß solche Unterwürfigkeit der zum Idol erhobenen angelsächsischen Wissenschaftskultur sprachliches Idiotentum unterstellt, gehört dabei zu den zahlreichen unfreiwilligen Pointen dieser Geschichte.

Aber das sind Kleinigkeiten, Teil jener Absurditäten, die zu den verschmerzbaren Folgekosten der Globalisierung gerechnet werden müssen. Schwerer wiegt, daß auch über die Kehrseiten jener Entwicklungen nicht mehr gesprochen werden darf, die den von Gadamer behaupteten Zusammenhang zwischen Sprache und Kultur aufbrechen. Das Erlernen fremder Sprachen, so Friedrich Nietzsche an einer Stelle in *Menschliches, Allzumenschliches*, füllt nicht nur das Gedächtnis mit Worten statt mit Gedanken, sondern ist die »Axt, welche dem feineren Sprachgefühl innerhalb der Muttersprache an die Wurzel gelegt wird: dieses wird dadurch unheilbar beschädigt und zu Grunde gerichtet«. Und er fügte hinzu: »Die beiden Völker, welche die grössten Stilisten erzeugten, Griechen und Franzosen, lernten keine fremden Sprachen.«[64]

Im selben Atemzug hatte Nietzsche allerdings für den Kosmopolitismus und die Notwendigkeit einer weltweiten einheitlichen Verkehrssprache plädiert – dies hinderte ihn jedoch nicht, den Preis zu erkennen, der für diesen Fort-

64 Nietzsche, KSA 2, S. 221 f.

schritt zu zahlen ist. Über den Verlust an Stil, an Feingefühl, an Nuancenreichtum zu sprechen, den die neuen internationalen Sprachstandards mit sich bringen, und darüber, was dies für die Qualität des Gedachten und Geschriebenen bedeutet, verbietet sich heute allerdings von selbst. Zuzugeben, daß gerade die neuen Wissenseliten mitunter gezwungen sind, plakativ und undifferenziert zu argumentieren, kratzte an jenem Elitestatus, der sich immer mehr äußeren Zuschreibungen und Attitüden verdankt und sich immer weniger der Sache des Denkens verpflichtet fühlt.

Für die Geisteswissenschaften hält das Elite- und Exzellenzkonzept noch andere Tücken bereit. Im Gegensatz zur angewandten naturwissenschaftlichen Forschung besteht der Nutzen der Geisteswissenschaften nicht in Produkten und Technologien, deren Gebrauch keinerlei Verständnis ihrer wissenschaftlichen Grundlagen erfordert, sondern in der öffentlichen Wirksamkeit der Wissenschaft selbst. Wer sich einen Plasmabildschirm kauft, muß nichts von jener Forschung verstehen, die zur Entwicklung dieser Technologie geführt hat. Wo es allerdings um die gesellschaftliche Relevanz wissenschaftlicher Theorien und Erkenntnisse geht – von der Gentechnik bis zur Erforschung der Geschlechterdifferenz, von der Ökonomie bis zur Medientheorie –, wird der Bürger, der aus diesem Diskurs ausgeschlossen wird, obwohl er letztlich politisch gerade bei solchen Fragen mitentscheiden soll, tendenziell entmündigt.

Finanzwissenschaftler, die sich im *Business English* über jene Steuern austauschen, die sie einer Bevölkerung aufzubrummen gedenken, die sich schon deshalb nicht mehr wehren kann, weil sie eine andere Sprache spricht, etablieren sich in der Tat als eine Elite, der es nicht mehr darum geht, den Dialog und die Auseinandersetzung mit jenen zu suchen, die letztlich der eigentliche Adressat ihrer Arbeit sind. Einer Sozial- oder Geschichtswissenschaft, die von der

138

angeblichen Zielgruppe ihrer Forschung gar nicht mehr verstanden werden will, ist ein antiaufklärerischer Impuls strukturell eingeschrieben. Die Kritik an hermetisch organisierten wissenschaftlichen Fachsprachen, die in den Wissenschaften notwendig, aber dort verfehlt sind, wo eine interessierte Öffentlichkeit auf einem angemessenen Niveau informiert werden soll, behält ihre Triftigkeit auch dort, wo irritierte Bürger von Experten mit Anglizismen zugedeckt und so beruhigt werden.

Die Geisteswissenschaften stehen einer paradoxen Situation gegenüber: Ihre wissenschaftliche Exzellenz wird allein nach den Standards der internationalen Gutachterkartelle gemessen; gleichzeitig sollen sie ihre Nützlichkeit durch Publizität und öffentliche Auftritte demonstrieren. Was immer sie machen, wird sie nicht retten. Auch die besten internationalen Referenzen schützen traditionsreiche historische Institute und philosophische Fakultäten nicht vor der Schließung, und wer auf große Publizität vor Ort selbst verweisen kann, wird mangels Internationalität ebenfalls kritisiert. Besser wäre es, anstatt sich dem Zeitgeist und seinen Kapriolen anzubiedern, gleich bei der Sache zu bleiben und, wenn es denn sein muß, mit dieser zu verschwinden.

Ist von Eliten und Exzellenzen die Rede, denkt aber ohnehin niemand an Geistes- oder Kulturwissenschaften. Wie innovativ, seriös und anerkannt diese auch immer verfahren mögen – die Chance, in ein Exzellenzprogramm aufgenommen zu werden, haben sie nur dann, wenn sie den einzigen Mehrwert versprechen, den Geisteswissenschaften versprechen können: ideologische Dienstleitung. Unter den vier (sic!) geistes- und sozialwissenschaftlichen Programmen, die die erste Runde des Exzellenzwettbewerbs der deutschen Universitäten überhaupt überstanden haben, fanden sich dann solch sinnige Projekte wie »Media: Material Conditions and Cultural Practice« oder »Kulturelle Grundlagen von Integration«. Diese Verschwisterung von Zeitgeist und Exzellenz sagt alles über die Chancen genuin geisteswissenschaftlicher Arbeit in der Welt der Eliten. Diese selbst ist dominiert von den technisch orientierten Naturwissenschaften.

Die meisten Bemühungen, am europäischen Kontinent Wissenschaftseliten zu bilden, ranken sich um die Phantasmagorie eines *Institute of Technology*, das einzig geeignet erscheint, Europas Weltgeltung in den Wissenschaften zu behaupten. Anrüchig ist dabei nicht der Versuch, Forschungsleistungen zu bündeln und zu koordinieren und unter besten Bedingungen auf denkbar höchstem Niveau zu etablieren, sondern die borniert Vorstellung, wissenschaftliche Reputation ließe sich am Reißbrett planen und per EU-Verordnung oder Landesgesetz durchsetzen. Die Wissenschaftsferne der Elitenbildner erweist sich nicht zuletzt an diesem Anspruch. Aber offenbar genügt es nicht, alles zu unternehmen, um die Rahmenbedingungen für wissenschaftliche Lehre und Forschung zu verbessern, es muß dabei von Wettbewerb die Rede sein, von Siegern und Verlierern, von Exzellenz und Elite. Sogar wenn man dem Gedanken etwas abgewinnen kann, daß herausragende Wissenschaft nur in einem besonderen Biotop gedeihen kann, werden sich die Unwägbarkeiten, die zu dem Ruf geführt haben, den sogenannte Eliteuniversitäten derzeit genießen, nicht planen lassen.

Die Rede von wissenschaftlichen Eliten und Exzellenzen signalisiert weniger einen unbedingten Willen zur Leistungssteigerung als vielmehr eine Tendenz zur Abschottung und Ökonomisierung des Wissenschaftsbetriebs. So wie die neuesten Reformen die Universitäten, die bisher im wesentlichen von der öffentlichen Hand finanziert werden, als Unternehmen definieren, die einem Aufsichtsrat gegenüber verantwortlich sind, der alles andere als ein Repräsentant der Öffentlichkeit ist, so wird Wissenschaft zunehmend als ein internationales Unternehmen interpretiert, zu dessen Programm die Idee der Bildung der Menschen nicht mehr gehört. Man kann, aus guten Gründen, für eine solche Konzeption sein und für die Rückkehr zu einem aufgeklärten Absolutismus plädieren, der das Volk zwar mit den Segnungen des wissenschaftlichen Wissens beglückt, es aber von den Zentren und Verfahren dieses Wissens fernhält. Denkbar durchaus, daß solch eine Arbeitsteilung nicht nur den Wissenschaften zugute kommt, sondern auch den Menschen, die nun von allen Ansprüchen, die über berufsqualifizierende Maßnahmen hinausgehen, befreit sind. Der Hang zu einem mehr oder weniger aufgeklärten Absolutismus ist in EU-Europa ohnehin unübersehbar. Das mindeste aber wäre, daß man dies klar sagte und daß begriffen würde, daß sich Europa damit von einer europäischen Idee par excellence verabschiedet.

Der Bildungsbegriff der Aufklärung war seiner Idee nach prinzipiell offen gedacht, er sollte der Motor der Emanzipation sein, Voraussetzung für den Ausgang der Menschen aus einer wie auch immer verschuldeten Unmündigkeit. Auch die klassische Organisation von Wissenschaft in einer »Gelehrtenrepublik« verstand die Universität weniger als Ort der Eliten als vielmehr als Modell für eine durch den Geist gestiftete Gleichheit, das Vorbild sein konnte für die Verfaßtheit der Gesellschaft überhaupt.

Das elaborierte Wissen einer Gesellschaft strukturell auf eine auserlesene Schar – nichts anderes meint Elite – zu beschränken, ist schlechterdings vormodern und drängt den Wissenschaftler in die Rolle des Priesters. Fraglos vermögen sich manche mit dieser Rolle durchaus anzufreunden – dem Konzept der Aufklärung sind Position und Gestus des Wissenspriesters jedoch fremd. Die Schwäche Europas in der intellektuellen Auseinandersetzung mit vormodernen Denk-

und Lebensformen gründet vielleicht darin, daß das Konzept der Wissenselite selbst vormoderne Züge trägt. Es schickt sich nicht, bei jeder Wertedebatte die Aufklärung als Kern der europäischen Identität zu beschwören und diese gleichzeitig freudig erregt wegen eines vermeintlichen Wettbewerbsvorteils preiszugeben. Wenigstens sollte man zu dem stehen, was man tut. Auch der weltweit agierende, neofeudale Kapitalismus und die ihm angeschlossenen Wissenschaften haben es verdient, beim Namen genannt zu werden: Es handelt sich um ein Projekt der Gegenaufklärung.

8.

Unterm Strich: Der Wert des Wissens

TRAUTE man den Versicherungen der Proponenten der Wissensgesellschaft, dann stellte das Wissen einen der höchsten Werte der modernen Gesellschaft dar. Keine Sonntagsrede, in der nicht beteuert wird, wie wichtig es sei, in Forschung und Entwicklung zu investieren, kein Wahlprogramm, das nicht im Wissen, Wissenswettbewerb und Wissensvorsprung die Sicherung der Zukunft verkündet, kein Handbuch für Wissensmanagement, das nicht im Umgang mit der neuen Ressource den Schlüssel für die Profite – vornehmer: Erfolge – der Unternehmen sieht.

Wissen, so scheint es, ist zu einem kostbaren Gut geworden, das aufwendig hergestellt, sorgsam gehegt und aufopfernd gepflegt wird. Tatsächlich aber wird die Hervorbringung, Aufbewahrung, Verteilung, Weitergabe und Anwendung des Wissens nach dem Modell der Produktion irgendeines beliebigen Gutes gedacht. Nur so kann es geschehen, daß Universitäten etwa die Steigerung ihrer Forschungsleistung kühn in Prozentsätzen angeben. Um Erkenntnisse kann es dabei wohl nicht gehen. Und im Gegensatz zu den ständigen Beteuerungen vom Wert des Wissens wird dieses, weil es längst seines Erkenntnisanspruchs beraubt wurde, in der Regel gar nicht besonders geschätzt.

Man könnte die These riskieren, daß in der Wissensgesellschaft das Wissen gerade keinen Wert an sich darstellt. Indem das Wissen als ein nach externen Kriterien wie Erwartungen, Anwendungen und Verwertungsmöglichkeiten hergestelltes Produkt definiert wird, ist es naheliegend, daß es

143

dort, wo es diesen Kriterien nicht entspricht, auch rasch wieder entsorgt werden muß. Gerne spricht man von der Beseitigung des veralteten Wissens, vom Löschen der Datenspeicher und vom Abwerfen unnötigen Wissensballasts. Mit anderen Worten: Die Wissensgesellschaft behandelt ihr vermeintlich höchstes Gut mitunter so, als wäre es der letzte Dreck.

Die Wissensgesellschaft kann ihre Verachtung des Wissens natürlich nicht propagieren. Auch hier hilft ein bißchen Moral. Der Zeitgeist heftet sich unter dem Titel »Bildungsethik« an die Fersen dieses Problems und versucht die Bedingungen zu definieren, unter denen mit Wissen angemessen, nachhaltig und verantwortlich umgegangen werden kann. Fraglich ist allerdings, ob Wissen überhaupt ein Kandidat für ethische Reflexionen sein kann oder ob diese nicht auf die Handlungen von Menschen beschränkt werden müßten, die ein bestimmtes Wissen zur Voraussetzung haben. Was etwa seit langem unter dem Stichwort *Technikfolgenabschätzung* diskutiert und praktiziert wird, weist zweifellos solch eine ethisch-normative Komponente auf. Die moralische Qualität von Wissen ergibt sich erst in der Anwendung des Wissens, die mit bestimmten moralischen Grundsätzen kollidieren kann – etwa wenn der kurzfristige Nutzen einer Technologie langfristige Schäden bedeuten würde.

An dieser Stelle muß daran erinnert werden, daß es vor allem einer Ethik der Diskretion darum gegangen war, ein bestimmtes Wissen als solches für moralisch prekär zu halten. »›Ist es wahr, dass der liebe Gott überall zugegen ist?‹ fragte ein kleines Mädchen seine Mutter: ›aber ich finde das unanständig‹.«[65] Dieser Kalauer Friedrich Nietzsches deutet zumindest an, daß es im Kontext sozialer Beziehungen immer bestimmte Formen des Wissens geben wird, die an

---

65 Nietzsche, KSA 3, S. 352

sich einer moralischen Bewertung unterliegen, nicht erst ihr Einsatz oder ihre Anwendung. Unter Titeln wie Intimität oder Privatheit hatte die bürgerliche Gesellschaft solche Sphären zu definieren versucht, in denen der Wissenserwerb an sich als moralisch anrüchig galt und deshalb als Neugier, Voyeurismus, Eindringen in die Intimsphäre etc. denunziert wurde. Im Zeitalter von öffentlichen TV-Beichten, Webcams und Telephongesprächen in der U-Bahn haben diese Verbotszonen des Wissens stark an Verbindlichkeit eingebüßt, ja es gehört geradezu zum Programm dieser Technologien und Formate, jede Form von Diskretion zu desavouieren. Angesichts des omnipräsenten Kameraauges, das nun an die Stelle des allgegenwärtigen Gottes getreten ist, gibt es nichts Unanständiges mehr.

In der klassischen Theorie der Bildung fungierte das Wissen als moralisch qualifizierbare Kategorie insofern, als es das Ziel der Aufklärung, als sittliches Subjekt autonom denken und leben zu können, unterstützte und beförderte. Schon hier zeigt sich, daß Wissen als zunehmende Kenntnis und Beherrschung von Naturprozessen oder daran gekoppelten Technologien erst einem moralischen Imperativ untergeordnet werden muß, um ethisch diskutierbar zu werden. Dabei geht es nicht nur um die Auswirkungen der Eingriffe von Technik in Natur oder eine an konsequentialistischen Modellen orientierte Verantwortungsethik für Wissenschaftler und Ingenieure, sondern darum, daß Wissen selbst moralisch indifferent und deshalb moralisch disponierbar ist. Viel zu wissen oder auf seinem Gebiet ein ausgezeichneter Wissenschaftler zu sein, sagt über den moralischen Status nichts aus – nicht zuletzt die Karrieren von Wissenschaftlern aller Disziplinen in totalitären Systemen oder im militärisch-industriellen Komplex rezenter Großmächte geben darüber Auskunft.

Zumindest im Sinne Kants war ein gegenständliches Wissen genausowenig eine Quelle der Moral wie andere Eigenschaften oder Kompetenzen auch. Insofern der kategorische Imperativ Resultat einer praktischen Vernunft ist, die das Gute um seiner selbst willen will, hätte sich jedes Wissen, das auf Menschen angewendet werden kann, diesem Imperativ zu fügen.

Erst dort, wo Wissen in ein Persönlichkeitskonzept integriert wird, das den Menschen zum Souverän des sittlichen Handelns eben »bilden« will, ließe sich im strengen Sinn von einer Bildungsethik sprechen. Das Wissen wird dabei zu einem Moment im Kontext eines Bildungsprozesses, der ethisch relevant ist, weil überhaupt erst dieser Bildungsprozeß das mündige und verantwortungsfähige Subjekt formieren soll. Das Pathos der Erziehungsprogramme der Aufklärung war ebenso von diesem Konzept getragen wie die Bildungsreformen der sechziger Jahre des 20. Jahrhunderts. Bildung als Menschenbildung sollte der Garant für die Abwehr der inneren und äußeren Barbarei sein. Daß dieses Pathos hohl war, war schon der Bildungskritik des 19. Jahrhunderts bekannt.

Wie kaum ein anderer hatte Friedrich Nietzsche diese Kritik auf das Verhältnis von Wissen und Moral polemisch zugespitzt: Im *Antichrist*, einem seiner letzten Werke, schrieb Nietzsche: »Moral: die Wissenschaft ist das Verbotene an sich, – sie allein ist verboten. Die Wissenschaft ist die erste Sünde, der Keim aller Sünde, die Erbsünde. Dies allein ist Moral. – ›Du sollst nicht erkennen‹: – der Rest folgt daraus.«[66] Wissen, gerade das Wissen um den Menschen und seine Abgründe, steht in Opposition zur Moral, Bildung als radikaler Anspruch auf Selbstdurchsichtigkeit war unter dieser Perspektive immer auch eine Form der Moralkritik gewesen.

66 Nietzsche, KSA 6, S. 226

Die Verabschiedung der Bildungsidee in der Wissensgesellschaft löst diesen Zusammenhang von Ethik und Bildung allerdings nicht auf, sondern transferiert ihn auf andere Ebenen. Zu den Grundfragen einer normativen »Ökologie« des Wissens gehörte etwa immer das Problem, was von dem Gewußten und Wißbaren denn weiter erforscht und dann weitergegeben werden soll – mit anderen Worten: Welche Fächer und Inhalte, welche Traditionen und Schulen, welche Studienrichtungen und Forschungsschwerpunkte sollen angeboten und ausgebaut, welche eingespart, bekämpft und gestrichen werden.

Im Kontext eines Bildungsbegriffs, der noch das Ziel des mündigen Subjekts kannte, also etwa bei Wilhelm von Humboldt, ergab sich der Kanon der Fächer und Forschungen aus dem paradigmatischen Gehalt derselben für das allgemeine Verständnis der menschlichen Existenz und seiner Entfaltung – deshalb die Priorität der alten Sprachen und der antiken Kultur. Im Kontext einer globalen Konkurrenzideologie orientieren sich diese Selektionsprozesse des Wissens hingegen an imaginären und realen Wettbewerbsvorteilen.

Das Wissen wird von einem integralen Moment eines Menschenbildungsprozesses zu einem Mittel im Kampf um Märkte und industrielle Zukunftschancen. Radikal ausgedrückt: Der Leitcode der Wissenschaften, den Niklas Luhmann durch den Dual wahr/falsch gekennzeichnet hat, wird zunehmend überlagert und ersetzt durch den Code der Ökonomie: zahlen/nicht zahlen.

Wenn die Einwerbung von Drittmitteln für eine wissenschaftliche Qualifikation mehr zählt als das Verfassen einer Monographie, dann ist dieser Prozeß der Überlagerung im Wissensbetrieb zumindest sichtbar geworden. Unter diesem Gesichtspunkt gewinnt übrigens Nietzsches Schärfung des Verhältnisses von Wissenschaft und Moral ihre Aktualität: Denn nach wie vor erscheinen die erkenntnisleitenden ökonomischen und politischen Steuerungsmechanismen nur allzu gerne unter dem Deckmantel der Moral. Gerade im Gebiet der Human- und Sozialwissenschaften, aber auch in den angewandten Wissenschaften markiert die Moral in nahezu klassischer Manier die Verbotszonen des Wissens. Unbefangen etwa über Fragen der Ethnizität, Geschlechtlichkeit, Probleme der Migration oder die Geschichte des 20. Jahrhunderts zu forschen, ist nahezu unmöglich geworden – die von der politischen Moral diktierten Forschungsergebnisse stehen in der Regel vorab schon fest.

Doch abgesehen davon: Jede »Ökologie« des Wissens muß Kriterien entwickeln, welches Wissen zugelassen und tradiert und welches Wissen vernachlässigt und vergessen werden kann. Ein bildungshumanistischer Ansatz orientierte sich dabei an einem dem Bildungsbegriff immanenten Ethos der Mündigkeit. Das Wissen wurde, zumindest idealiter, danach bemessen, inwiefern es die Autonomie und Selbstdurchsichtigkeit des Subjekts und damit die Handlungsfähigkeit des Menschen beförderte. Das danach ausgewählte Wissen war als implizite Voraussetzung für die Möglichkeit des Menschen, sich als moralisches Wesen zu begreifen, gedacht.

Ein wettbewerbsorientierter Ansatz findet die Selektionskriterien des Wissens hingegen in den Chancen seiner ökonomischen, politischen oder zumindest medialen Nutzung – letztere allein garantiert übrigens zur Zeit das Überleben der Geisteswissenschaften. Weil das Wissen von den individuellen und sozialen Bildungsprozessen entkoppelt ist, kann es nun als ein Stoff behandelt werden, der allein nach den Kriterien der Verwertbarkeit in Umlauf gehalten oder entsorgt werden kann. Deshalb gibt es auch das Wissensmanagement. Und keine Gesellschaft hat deshalb so abfällig über das Wissen gesprochen wie die Wissensgesellschaft, da es ihr weder um Wahrheit noch um Bildung geht. Auch für das moderne Wissensmanagement gilt unausgesprochen der Grundsatz: Du sollst nicht erkennen. Die affirmative Bildungsethik der Wissensmanager beschränkt sich in diesem Kontext auf die Forderung, daß die Mitarbeiter ihre Talente in den Dienst einer Sache stellen sollten, von der sie auch persönlich überzeugt sind, weil solch eine Einstellung auf die Umgebung positiv ausstrahlt und das Marktpotential des eigenen Wissens vergrößert.[67] Immerhin kann man solchen Konzepten den Vorzug der Deutlichkeit nicht absprechen.

»Wissensmanagement« gilt mittlerweile überhaupt als neue Heilslehre, geht es um Fragen des Wissens. Der Wissensmanager löst nicht nur den Bildungsexperten ab, auch der Pädagoge und sogar der Wissenschaftler sollen sich zunehmend als Wissensmanager verstehen. Möglich ist diese Vorstellung nur, weil die Wissensgesellschaft die Beziehung des Wissens zur Wahrheit gekappt hat. Nun werden Daten als Rohstoff, Informationen als für ein System oder Unternehmen aufbereitete Daten und Wissen als die »Veredelung von Information durch Praxis« beschrieben.[68] Statt um Erkenntnis geht es um *Best practice*. Gerade die Differenz, die Wissen als epistemisches Verfahren von anderen Weltbewältigungsstrategien unterscheidet, wird nun eingezogen. Das Wissensmanagement verfährt letztlich wie ein »Materialwirtschaftssystem«, und der Wissensmanager erhebt gerade einmal den paradoxen Anspruch, unter »Ausklammerung von Wahrheits- und Geltungsfragen« herauszufinden, welche Art von Wissen sein Unternehmen zur Lösung seiner Probleme benötigt.[69]

---

67 Gilbert Probst / Stefan Raub / Kai Romhardt: Wissen managen. Wie Unternehmen ihre wertvollste Ressource optimal nutzen. Wiesbaden 2003, S. 251

68 Als ein Beispiel unter vielen: Helmut Willke: Einführung in das systemische Wissensmanagement. Heidelberg 2004, S. 28

69 Hermann Kocyba: Wissen. In: Bröckling, Glossar der Gegenwart, S. 303

Unter dieser Perspektive kann die Frage nach der Wahrheit so gut entfallen wie die Frage, ob irgend jemand etwas verstanden hat und für ein Phänomen eine plausible Erklärung bereithält, die über den Status einer praxisrelevanten Meinung oder generalisierten Erfahrung hinausreicht. Gerade das Wissen, das angeblich die Wissensgesellschaft auszeichnet, das wissenschaftliche Wissen, gehorcht zumindest nach der Systemtheorie jener Codierung von wahr und falsch, die ihre Adepten nun einziehen möchten. Der Verzicht auf das, was man den Wahrheitsbezug des Wissens nennen könnte – in welcher Form wissenschaftlicher Theorie und Praxis er sich dann auch niederschlagen mag –, war bei Adorno noch Erscheinung von Halbbildung gewesen, da er nicht intendiert, sondern Ausdruck objektiven Unvermögens gewesen war. Nun wird der Verzicht auf Wahrheit programmatisch und damit zur Unbildung.

Richtig daran ist, daß Wahrheit, als Absolutum gedacht, zu einem verheerenden Ideologem werden kann; falsch daran ist die Attitüde des Konstruktivisten, auf Wahrheit sei auch als erkenntnisleitende Zielvorstellung zu verzichten. Solcher Verzicht ist die Voraussetzung dafür, daß Wissen nicht nach seinen eigenen Kriterien, sondern nach ihm äußerlichen Gesichtspunkten betrachtet und verwaltet werden kann. Die Ökonomisierung des Wissens hat seine Entschärfung zur Voraussetzung.

Wenn Wissen nur noch die praxisgesättigte Anwendung von Informationen für Unternehmen darstellt, ist es durch das Unternehmensziel und nicht mehr durch einen Wahrheitsanspruch definiert. Der damit eingeleitete Transformationsprozeß ist in seiner gesellschaftspolitischen und philosophischen Dramatik bisher wahrscheinlich nur unzulänglich erfaßt worden. Wissen und Bildung sind selbst kein Ziel mehr – wie fragwürdig dieses immer auch gewesen sein mag –, sondern ein Mittel, das keine weiteren Reflexionen verlangt, solange es sich nur als Mittel rechtfertigen läßt – für prosperierende Märkte, Qualifikationen für den Arbeitsplatz, Mobilität von Dienstleistungen, Wachstum der Wirtschaft. Nicht die gebildete Person, schon gar nicht der Weise, aber auch nicht der Gelehrte klassischen Typs sind in der Wissensgesellschaft als Zielvorstellungen permanent eingeforderten Wissenserwerbs denkbar, sondern lediglich ein *brain*, das schneller industrielle Anwendungsmöglichkeiten komplexer Forschungen erkennt als die Konkurrenz in Schanghai.

Was im modernen Wissensmanagement überhaupt gemanagt wird, ist allerdings unklar. Während die naiven Vertreter dieser modischen Wachstumsbranche offenbar glauben, daß Wissen eine Ressource ist, die man im Rahmen eines Unternehmens optimieren, verteilen, bündeln, importieren, exportieren und teilen kann wie andere Rohstoffe und Verfahren auch, dämmert bei anderen die Einsicht, daß man weniger Wissen als bestenfalls Menschen, die etwas wissen, managen kann.[70] Bemerkenswert ist immerhin der dezidierte Ton, in dem die Managementlehre sich über das Wissen hermacht: Die begnadete Führungskraft, die in einem Unternehmen die »Gesamtorganisation für die Bedeutung der Ressource Wissen zu sensibilisieren und zu mobilisieren« hat, darf sich dann auch der angelsächsischen Unternehmenskultur entsprechend *Chief Knowledge Officer* nennen[71] und sich wenigstens mit ihren Initialen in die Nähe ihres CEO, ihres *Chief Executive Officer,* stellen. Die Attraktivität solcher Funktionsbezeichnungen ist so unwiderstehlich, daß manche alterwürdige Universität dazu übergeht, für alle möglichen und unmöglichen Aufgaben

---

70 Sebastian Eschenbach/Barbara Geyer: Wissen & Management. 12 Konzepte für den Umgang mit Wissen im Management. Wien 2004, S. 10
71 Probst, Wissen managen, S. 244

»Stabsstellen« einzurichten, was zumindest den Vorteil der Klarheit hat: Das Wissen soll kommandiert werden.

Ansonsten bietet die Theorie des Wissensmanagements wie auch viele ähnliche Konzepte nicht viel mehr als den Alltagsverstand in der hochtrabenden Sprache der Unternehmensberatung. Die jedem Proseminaristen bekannten Methoden der Recherche, Auswahl, Strukturierung, Verknüpfung und Darstellung von Informationen werden zu strategischen Unternehmensaufgaben hochstilisiert, die offenbar nur durch einen organisatorischen Aufwand bewältigt werden können, der die ketzerische Frage aufzwingt, wieso die entscheidenden Erkenntnisfortschritte der Menschheit in Epochen errungen worden sind, die von Wissensmanagement keine Ahnung hatten.

Immerhin wird dabei darauf aufmerksam gemacht, daß das Wissen in einem Unternehmen nur dann produktiv zirkulieren kann, wenn es in Form »hirngerechter Dokumente« in Umlauf gebracht wird. Ein schlecht geschriebener, fortlaufender Text gilt natürlich als Paradebeispiel einer »nichthirngerechten Dokumentations-Architektur«, während die Verknappung des Textes und seine Anreicherung mit Schlagworten, Symbolen, Graphiken und Tabellen, die alle auf eine schöne *Power-Point*-Folie passen, zum Inbegriff eines »hirngerechten« Dokuments avancieren. Visualisierung ist das Zauberwort, und *Clickable Knowledge Maps* sind der Inbegriff des gemanagten Wissens.[72]

Wie Wissen heute präsentiert wird, kann auch als Hinweis für die zunehmende Verachtung des Wissens gelesen werden. Die Unsitte, die nicht nur bei Präsentationen in Unternehmen, sondern zunehmend auch bei wissenschaftlichen Symposien und an Universitäten zu beobachten ist, einfache Sätze und schwülstige Begriffe über *Power-Point*

---

72 Probst, Wissen managen, S. 182 f.

zu projizieren und diese dann einfach abzulesen, stellt eine Verachtung der Zuhörerschaft dar und einen vollkommenen Verlust dessen, was man einstens Vortragskultur nannte. Kommen dann die beliebten Balken- und Tortendiagramme hinzu – egal, um welches Thema es sich handelt –, darf man ziemlich sicher sein, daß mit dieser Visualisierung alles mögliche intendiert sein mag, sicher aber kein Bild der wirklichen Verhältnisse gegeben wird.

Überhaupt läßt sich bei derartigen Gelegenheiten ein generelles Mißverhältniß zwischen dem technischen und medialen Aufwand und dem geistigen Gehalt des Gebotenen konstatieren. Dort, wo alles glitzert und funkelt, Videobeamer, Screens und Laptops die Szene beherrschen, multimedial agiert und künstlerisch interveniert wird, ist es tatsächlich besser, nicht mehr zuzuhören. Nicht nur, daß die Dominanz der Technik die Worte überdeckt, sie erlaubt auch keine wirklichen Gedanken mehr. Es gibt Präsentationsformen – und die hirngerechten Dokumente gehören dazu –, die Denken nahezu unmöglich machen. Formuliert werden nur mehr Überschriften und Parolen, alle Möglichkeiten, Sätzen eine logische und damit argumentierende Struktur zu verleihen, werden gekappt. Dennoch sind die Protagonisten solcher Shows überzeugt davon, es handle sich dabei um Wissen und seine Vermittlung.

Wenn Unternehmen Geld in solche Konzepte stecken, ist das ihre Sache. Fragwürdig wird die Vorstellung vom verwalteten Wissen dann, wenn sie sich in die Zentren des Wissens selbst verlagert und diese von innen her anfrißt. Daß Universitäten, die über eine nahezu tausendjährige Erfahrung im Umgang mit Wissen verfügen, sich in ihrer Restrukturierung an den plattesten Unternehmensideologien orientieren, ist ein Armutszeugnis und Ausdruck faktischer Dummheit. Anstatt aufgrund des eigenen Wissens und Reflexionspotentials diesen Unfug zu kritisieren, unterwirft man sich ihm, getrieben von der panischen Angst, einen der stakkatoartig vorbeirollenden Modernisierungsschübe zu versäumen. Es konnte nicht ausbleiben, daß nun auch Universitäten gezwungen werden, nach dem Vorbild von Unternehmen dazu überzugehen, Wissensbilanzen zu erstellen, um ihren Wert endlich in nackten Zahlen und bunten Diagrammen auf eine Folie pressen zu können.

Was in einer Wissensbilanz bilanziert wird, ist allen ein Mysterium. Daß es nichts zum Zusammenzählen gibt, hat in einer Welt, die an einem veritablen Quantifizierungssyndrom leidet, noch niemanden daran gehindert, dies trotzdem zu tun. Man muß nicht glauben, daß in einer Wissensbilanz das tatsächliche Wissen fein säuberlich nach Soll und Haben verzeichnet wird. Ihre eigene geistige Verfaßtheit zu bilanzieren – dafür fehlt den Verantwortlichen dieser Spiele der Mut. Nein, die Wissensbilanz dient der »ganzheitlichen Darstellung, Bewertung und Kommunikation von immateriellen Vermögenswerten, Leistungsprozessen und deren Wirkungen« – so steht es zumindest in einer entsprechenden Verordnung des österreichischen Bildungsministeriums, die als paradigmatisch gelten kann.[73] Die »immateriellen Vermögenswerte« setzen sich natürlich nicht aus Ideen, sondern – wie könnte es anders sein – aus verschiedenen Kapitalformen zusammen: Humankapital, Strukturkapital und Beziehungskapital. Aus dem, was Menschen vermögen, wird ein bilanzierbares Vermögen.

Der Begriff des Kapitals kehrt in der Wissensbilanz zu seinen etymologischen Wurzeln zurück: »Kapital«, in dem das lateinische Wort für Kopf, *caput*, steckt, wurde noch im 18. Jahrhundert als Begriff für die inneren Fähigkeiten und Potentiale des Menschen verwendet, Immanuel Kant sprach

---

73 Verordnung der (österreichischen) Bundesministerin für Bildung, Wissenschaft und Kultur über die Wissensbilanz (BGBl.II, Nr. 63/2006)

154

in einer eigenwilligen Formulierung von der »Barschaft« des eigenen »Lebensgefühls«.[74] Für Menschen, die nichts anderes ihr eigen nennen können als ihre (geistige) Arbeitskraft, ist es immer wieder tröstlich zu wissen, was alles Kapital war und wieder zu Kapital werden kann.

An Universitäten, so lernen wir, ist die Barschaft des eigenen Lebensgefühls an strenge Auflagen gebunden, denn dort setzt sich das Humankapital aus folgenden »immateriellen« Werten zusammen: Anzahl der Habilitierten, Anzahl der Berufungen an und von einer Universität, Anzahl der Personen mit mindestens fünftägigem Auslandsaufenthalt im Jahr, Anzahl der Personen aus dem Ausland, die mindestens fünf Tage im Jahr an der Universität sind. Zu einem ganz besonderen immateriellen Kapitalwert zählt dabei das Faktum, daß alle diese Personen entweder Männer oder Frauen sein können, wobei eine Universität selbstredend um so besser immateriell bilanziert, je höher der Frauenanteil ist. Reisende habilitierte Frauen, so könnte man sagen, sind das wertvollste immaterielle Kapital, dessen man habhaft werden kann.

Das Sozialkapital muß allerdings noch mit dem ebenfalls immateriellen »Strukturkapital« verrechnet werden. Dieses setzt sich im wesentlichen aus Aufwendungen für die Gleichstellung der Frau, für Maßnahmen zur Förderung der genderspezifischen Lehre und für die Verbesserung der Vereinbarkeit von Beruf und Familie zusammen. Langsam kristallisiert sich ein klares Bild heraus. Zu all dem kommt noch das »Beziehungskapital«. Dieses besteht zur allgemeinen Überraschung mitnichten aus geschlechtsspezifischen Kommunikationen, sondern aus der Anzahl der Personen,

---

74 Dieter Thomä: »Humankapital« und die Theorie der Person in der Moderne. In: Konrad Paul Liessmann (Hg.): Der Wert des Menschen. An den Grenzen des Humanen. Wien 2006, S. 235 f.

die als Gutachter, Vorsitzende in Beiräten und Mitglieder in diversen Berufungs- und Habilitationskommissionen tätig sind. Man sieht, nach den Kriterien einer Wissensbilanz haben an modernen Universitäten zumindest die Beziehungen wahrhaft akademisches Niveau.

Nachdem das immaterielle Kapital einer Universität sein materielles Gewicht erhalten hat, kommt es darauf an, was mit Kapital geschieht. Denn Kapital, so wußte es Karl Marx, von dem an einer modernen wissensbilanzierten Universität niemand mehr etwas wissen will, ist nur dann Kapital, wenn es sich vermehrt. Die immateriellen Vermögenswerte werden also zu den »Kernprozessen« einer Universität in ein Verhältnis gesetzt: Lehre, Weiterbildung, Forschung und Entwicklung. Als Indikatoren dafür gelten mit jeweils unterschiedlicher Gewichtung unter anderem: die Anzahl der Prüfungen und der Studienabschlüsse, die Zahl der Studierenden, die ihr Studium in Mindeststudienzeit abschließen, die Einnahmen aus drittmittelfinanzierten Forschungsprojekten, der Frauenanteil bei Professoren, diverse Auslandsaufenthalte sowie die Studienabschlüsse von Frauen. Wie sich die Bilder gleichen: Das in die Universität eingebrachte feminisierte soziale Kapital bringt eben dieses wieder hervor. Kapital will mehr werden!

Das Verheerende an solchen Bilanzen, deren kabarettistischer Wert unbestritten ist, besteht darin, daß die teils willkürlichen, teil ökonomistischen, teils ideologischen Parameter, nach denen solche Indikatoren festgesetzt werden, als Kontroll- und Steuerungsinstanz für die Entwicklung der Universität fungieren. Wissen wird zwar nicht bilanziert, sehr wohl aber wird vorgegeben, welche Art von Aktivität unter dem Titel »Wissen« positiv bewertet und deshalb in Zukunft erwartet wird. Die Wissensbilanz bildet die Basis für die Leistungsvereinbarungen, das Budget der Universitäten wird danach bemessen, wie die Sache unter dem

Strich aussieht. Da aus verständlichen Gründen niemand in der Wissensbilanz schlecht abschneiden will, werden jene Aktivitäten verstärkt werden, die eine Verbesserung dieser Bilanz und damit eine Erhöhung des Budgets versprechen, auch um den Preis der geistigen Selbststrangulierung. Denn diesen Indikatoren ist eines gemeinsam: mit Wissen, mit Erkenntnis, mit Neugier, mit Ideen, mit forschendem Lernen, mit lehrendem Forschen, mit der Freiheit der Wissenschaft haben sie nichts zu tun. Fraglich, ob die Eingriffe von Landesherren oder Ministerien in eine Universität alten Typs derart gravierend waren wie die in der Sprache des New Management veranstaltete Entmündigung der Universität im Namen ihrer Autonomie.

In Summe signalisieren Begriffe wie »Wissensmanagement« und »Wissensbilanz«, aber auch Ideologeme wie »Halbwertszeit des Wissens« und »Wissensballast«, daß das Wissen ausgerechnet in der Wissensgesellschaft aufgehört hat, Gegenstand der Achtung zu sein. Die Geringschätzung des Gelehrten; die Ironie, mit der Wissen, das nur gewußt, aber nicht verwertet werden kann, behandelt wird; die Illusion, Wissen, seine Vermehrung – Einrichten von Exzellenzzentren – und Entsorgung – Schließung von Instituten – nach quantifizierbaren Kriterien zu gestalten und zu evaluieren: all das drückt eine tiefe Mißachtung des Wissens aus. Diese verweist auf eine tiefere Dimension dieses Transformationsprozesses: Wissen hat auch aufgehört, in einem ausgezeichneten Sinn Ausdruck des Erkenntnisstrebens des Menschen zu sein. Aristoteles hatte das Streben nach Wissen noch allen Menschen zugeschrieben. Diese Neugier ist als innerster Impuls des Menschen nicht zweckorientiert, sondern an sich Ausdruck der Conditio humana und Quelle einer ganz spezifischen Lust bewußter Wesen: Sie wollen erkennen um des Erkennens willen. Wer dies vergißt und glaubt, daß nur noch Gehirne oder Manager, Forschungsinstitute oder Exzellenz-Cluster bestimmte Zielvorgaben zu erfüllen hätten, wird sich vielleicht einmal darüber wundern – sofern das dafür nötige Sensorium noch vorhanden ist –, daß bei allem Wissenszuwachs der Wissensgesellschaft das Erkenntnisvermögen derselben allmählich verkümmert. In Abwandlung eines berühmten Nietzsche-Wortes aus *Also sprach Zarathustra* könnte man sagen: Das Wissen wächst. Weh dem, der Wissen in sich birgt.

9.

Schluß mit der Bildungsreform

BILDUNG, dieser Eindruck läßt sich nicht vermeiden, fällt zusammen mit ihrer Reform. Von den Schulreformen der Aufklärung über die Humboldtschen Bildungsreformen, die Reformpädagogik der zwanziger Jahre, die Reform-(hoch)schulen, die nach Ausrufung der deutschen Bildungs-katastrophe in den sechziger und siebziger Jahren gegrün-det worden waren, bis zu den wettbewerbsorientierten Uni-versitäts- und Schulreformen der Gegenwart zieht sich der Bogen jener Veränderungen, die Bildung als unablässiges Bemühen um Ausweitung, Strukturveränderung und An-passung erscheinen lassen.

Gleichzeitig, und auch dies gehört zu den Paradoxien der Wissensgesellschaft, leidet kein gesellschaftliches Segment so sehr unter dem Stigma, unbeweglich, verkrustet, anti-quiert, erstarrt, mit Nutzlosem vollgeräumt und in jeder Hinsicht verstaubt zu sein wie der Bereich der Bildung. Das Credo der Studentenbewegung der sechziger Jahre – »Un-ter den Talaren der Muff von tausend Jahren« – illustrierte nur eine Haltung, die allen Bildungsreformern zu eigen ist: Das Alte muß weg, das Neue muß her. Der Revoluzzer aus dem sozialistischen Studentenbund erweist sich bei näherer Betrachtung als vom selben Ungeist kontaminiert wie der forsche Leiter einer Unternehmensakademie, der stolz ver-kündet, das Wichtigste sei, daß die Studenten bei ihm ein-mal alles vergäßen, was sie an den herkömmlichen, verknö-cherten Universitäten gelernt hätten. Mittlerweile haben alle diese Lektion gelernt, die politischen Utopien sind verpufft;

was bleibt, ist das Bewußtsein, daß der Bildungssektor der letzte Zweig ist, der noch seiner Durchlüftung harrt. Und deshalb lauten die Wahlsprüche der Reformer auch: Mobilität allerorten, Flexibilisierung überall. Heraus aus erstarrten Verhältnissen und verkrusteten Strukturen, flexible Forschungsfelder statt starrer Fakultäten, umtriebige Wissenschaftsmanager statt beamteter Professoren, frei kombinierbare Module statt fixer Studienpläne, aufgeblasene Projektanträge statt klar umrissener Forschungsvorhaben, ausgefranste Vernetzungen statt definierter Einheiten, Zukunftsoffenheit statt Geschichtsbewußtsein, Schnittstellen statt Ideen. Zeit also, sich gegen Ende des Rundgangs durch die Wissensgesellschaft einen ihrer Motoren, den Reformeifer, genauer anzusehen.

So sehr die Bildung durch ihre Reformen bestimmt ist, so sehr erweisen sich die Bildungsreformen der Gegenwart als paradigmatisch für den Reformgeist, der die modernen Gesellschaften überhaupt in Atem hält.[75] Am Bildungsbereich lassen sich jene Tendenzen ablesen, die für den seit den späten achtziger Jahren des vorigen Jahrhunderts vorgenommenen Umbau der Gesellschaft insgesamt stehen können. »Reform« wurde dabei zu jenem Titel, unter dem der Abbau des Sozialstaates, die Privatisierung öffentlichen Eigentums und die Liberalisierung der Finanz- und Kapitalmärkte genauso vorangetrieben werden konnten wie die Erosion staatlicher Strukturen und die Etablierung der Unternehmerperspektive als neue Weltanschauung und allgemeine Heilslehre.

Kaum ein Begriff hat im Laufe seiner Geschichte jedoch solche Wandlungen erfahren wie die »Reform«. Das im 15. Jahrhundert aus dem Lateinischen entlehnte Wort »reformieren« meinte zuerst, eine Sache, die zu entgleiten drohte,

---

75 Konrad Paul Liessmann: Der Reformgeist. In: Nikolaus Dimmel/Josef Schmee (Hg.): Politische Kultur in Österreich. Wien 2005, S. 39–48

wieder in ihre ursprüngliche »Form« zu bringen. Die »Reformation« des Augustinermönches Martin Luther wollte keine neue Kirche gründen, sondern die bestehende durch Rückbesinnung auf ihre ursprünglichen Aufgaben und Erscheinungsformen erneuern. Die »Reform«, die als Substantiv erst seit dem 18. Jahrhundert belegt ist, hatte also eine stark restaurative Komponente, die damit angestrebte Erneuerung und Verbesserung einer Institution war wesentlich durch das Konzept der Rückbesinnung motiviert. Die »Reformpädagogik« des späten 19. und frühen 20. Jahrhunderts, die sich gegen die Disziplinierungs- und Paukanstalten wandte, zu denen die Schulen geworden waren, war dann auch durch Rückkehrbewegungen gekennzeichnet: zurück zur Ursprünglichkeit und Spontaneität des kindlichen Lebens und Erlebens, zurück zu einem lebensnahen Lernen, zurück zur Einheit von Geist und Körper, von Arbeit und Lernen. Zumindest insofern Reformen im Bildungsbereich von einem rousseauistischen Geist getragen oder zumindest kontaminiert waren, dominierte der Gestus des großen Zurück.

Der Reformbegriff der Gegenwart setzt demgegenüber vordergründig auf das Neue und vor allem auf die Zukunft. Wo von Reformen die Rede ist, wimmelt es von »Herausforderungen der Zukunft«, die anzunehmen man gewillt ist, von den »Zukunftschancen«, die durch Reformen eröffnet werden sollen, und von der »Zukunftsfähigkeit«, die man Einrichtungen und Institutionen durch die Reform verpassen will. Der naive Impetus, zu einem Ursprung zurückzukehren, hat sich in eine nicht minder platte Verachtung eines jeden Zurück verwandelt. Noch der grimmigste Kritiker einer rezenten Reform kann mit der einfachen Frage zum Verstummen gebracht werden, ob er denn zu dem endlich Überwundenen »zurück« wolle. Wie schlimm, unsinnig, chaotisch sich gegenwärtige Zustände auch darbieten mögen: Es führt, wie die gängige Formel lautet, ganz sicher kein Weg zurück. Die Reform, die, ähnlich wie die zahlreichen Renaissancen der europäischen Kultur, immer von einem Willen zur Rückbesinnung und zur Wiedergewinnung verlorenen Wissens gekennzeichnet war, hat sich in den alles beherrschenden Modus eines besinnungslosen Immerweiter verkehrt.

Die »Reform« ist mittlerweile zu einem Zauberwort geworden, das nahezu alle Felder des sozialen, politischen und kulturellen Lebens besetzt. Die Reformphrase hat sich überall eingenistet, im Denken und in der Sprache, sie macht vor keiner Institution Halt, befällt Volksschulen ebenso wie Universitäten, entlegene Polizeiposten genauso wie Regierungssitze, Versicherungen so gut wie Verkehrsbetriebe. Man kann geradezu von einem Reformgeist sprechen, der sich gespenstisch in jedem Medium, jeder Rede, jeder Verlautbarung, jeder offiziellen Mitteilung, jedem Gesetz findet. Entweder man steckt in einem Reformstau und ist deshalb gerade dabei, Reformen zügig anzugehen, oder man hat gerade eine notwendige Reform hinter sich, die nichts anderes nach sich ziehen kann als weitere notwendige Reformvorhaben.

Das abstrakte Bekenntnis zur Reform an sich ist die alles umfassende politische Ideologie unserer Tage geworden. Daß mit Etiketten wie rechts oder links, konservativ oder liberal heute nichts mehr anzufangen ist, gehört zum politischen Konsens. Daß damit das vielbeschworene Ende der Ideologien nicht eingetreten ist, demonstriert der Reformgeist. Er ist der Erbe aller Ideologien, hat sich an deren Stelle gesetzt, ihre Inhalte und Programme aufgehoben und damit den Begriff der Ideologie selbst seiner Wahrheit überführt: reiner Gestus, blendender Schein, eine einzige gigantische Worthülse ohne jeden Inhalt – falsches Bewußtsein. Der Reformgeist ersetzt alle anderen politischen Programme, Konzepte und Ideen; und er ersetzt auch die Moral. Es kommt nur noch drauf an, Mut zu Reformen zu zeigen. Tugendhaft ist heute, wer Reformbereitschaft signalisiert, einem Laster ist verfallen, wer Reformen verweigert. Die Reform ist das Gute, die Blockade das Böse, die Welt teilt sich in Reformfreudige und Reformfeinde. Und wie jede gute Ideologie kann auch der Reformgeist auf Begründungen seiner selbst verzichten. In jedem einzelnen Fall nachweisen zu müssen, ob überhaupt und wenn ja wie reformiert werden soll, wäre wahrlich zuviel verlangt. Eine Reform ist stets dringend geboten, weil Reformen stets dringend geboten sind.

Prinzipiell herrscht immer und überall Reformbedarf, ja, die meisten Reformen sind schon lange überfällig, und Schlimmeres, als anstehende Reformen nicht durchzuführen, kann man einer Regierung gar nicht anlasten. Das Schöne daran ist, mit jeder Reform steigt der Reformbedarf. Denn alle Probleme, die Reformen nach sich ziehen, können nur wieder durch Reformen gelöst werden. In peniblen Ländern beginnt man dann, die in rascher Abfolge vorgenommenen Reformen einer Institution oder eines Systems zu numerieren: Hartz I, II, III, IV … Um den Menschen aber die letzte Möglichkeit zu nehmen, den Täuschungsmanövern der Reformer auf die Schliche zu kommen, muß alles rasch gehen.

Der Reformer unserer Tage macht im Grunde keine Reformen, sondern Umstürze. Von der Sprache bis zu den Abstimmungsstrategien atmet alles eher den Geist einer raschen und abrupten Umdrehung der Verhältnisse, riecht es manchmal ein bißchen nach Putsch, werden Gesetze »durchgepeitscht«, kommt vieles, wie sogar reformfreundliche Medien dann schreiben, »überfallsartig«. Tatsächlich liebt es der Reformer heute flott, je schneller etwas über die Bühne geht, desto besser. Und gelingt aus lauter Geschwindigkeitsrausch etwas nicht nach Plan, ist es höchste Zeit für eine Reform.

Zu erinnern ist daran, daß die Rede von anstehenden,

überfälligen oder rasch durchzuziehenden Reformen nicht immer so positiv besetzt war wie im frühen 21. Jahrhundert. Lange ist es nicht her, daß »Reformist« ein Schimpfwort war, und wer etwas auf sich gehalten hat, wollte damals nicht reformieren, sondern revolutionieren: die Sexualität, die Familie, die Kultur, die Schule vor allem, dann die Universität und überhaupt die Gesellschaft. Wer damals, in den sechziger und siebziger Jahren des 20. Jahrhunderts, gegen die selbsternannten Revolutionäre für Reformen eintrat, war für das Langsame, das Bedächtige, das Umbauen einer Gesellschaft Stück für Stück, war für den evolutionären Prozeß, war vor allem für die schrittweise Durchlüftung und Demokratisierung der Gesellschaft, für die Öffnung von Schulen und Universitäten, für die Emanzipation bisher benachteiligter Menschengruppen und Gesellschaftsschichten, für mehr Mitbestimmung, für Transparenz, Sicherheit und soziale Wohlfahrt.

Ist heute von Reformen die Rede, wird in der Regel das Gegenteil intendiert. Entstaatlichung, Privatisierung, Risikobereitschaft, Eigenverantwortung und Eigenvorsorge, Flexibilisierung, Kürzung der Sozialausgaben, Erhöhung der Sozialbeiträge, Elitenbildung und Zugangsbeschränkung sind dafür die Stichworte. Gewiß waren die Reformutopien der Vergangenheit nicht weniger ideologisch als die Reformphrasen der Gegenwart. Es fällt allerdings auf, wie sich unter der Hand die geistige Grundstimmung, als deren Zuspitzung die Reformrhetoriken verstanden werden können, geradezu verkehrt haben. Dies führt zu der besonderen Pointe, daß die Reformen der Gegenwart, die gnadenlos auf Zukunft und das Neue zu setzen scheinen, tatsächlich die größte Rückkehrbewegung der neueren Geschichte darstellen: prekäre Beschäftigungsverhältnisse, soziale Unterversorgung, Zwang zur Mobilität, Anpassungsdruck, privatisierte Infrastrukturen, medizinische Versorgung und anspruchsvolle Bildung zunehmend nur mehr für die, die es sich leisten können – all das hatten wir schon einmal. Und das generelle Konzept, mit dem heute die Lösung nahezu aller Probleme versprochen wird, lautet: Senkung der Löhne und Verlängerung der Arbeitszeiten – es stammt aus einem längst vergangenen Jahrhundert. Es ist auch ein Triumph der Unbildung inmitten der Wissensgesellschaft, daß die Erinnerung an solche Kontinuitäten im kollektiven Gedächtnis offenbar keinen Platz mehr hat. Die Verkündigung des Neuen ist unter anderem deshalb so einfach und risikolos geworden, weil kaum noch erkannt wird, wie alt das vermeintlich Neue mitunter ist.

In dem Maße, in dem Reformen anscheinend um der Reform willen gemacht werden, wäre es auch unsinnig, Reformen an ihrem Ergebnis messen zu wollen. Zwar werden bei jeder Reform gebetsmühlenartig Worthülsen wie Kostensenkung, Transparenz, Wettbewerbsfähigkeit oder Effizienzsteigerung wiederholt, aber jedem ist klar, daß in der Regel nach einer Reform das Reformierte teurer ist, womöglich noch schlechter funktioniert als vorher, schwerfälliger und vor allem komplizierter und undurchschaubarer geworden ist. Daß nach den meisten Reformen etwa im Bildungsbereich die daran Beteiligten und die davon Betroffenen, sofern ihr Urteilsvermögen noch einigermaßen intakt ist, stets den Eindruck haben, nun einem Chaos ausgesetzt zu sein, in dem sinnvolle Arbeit immer schwieriger wird, indiziert eine wesentliche Stoßrichtung moderner Reformvorhaben: institutionelle Rahmenbedingungen, die, wie recht und schlecht auch immer, funktioniert haben, nicht zu verbessern, sondern zu destabilisieren. Denn das, was als Reformziel vorgeschoben wird, ist mitnichten das, was mit Reformen erreicht werden soll.

Wohl reden die Reformeiferer gerne vom Individuum und seiner Verantwortung, im Grunde ihres Herzens sind sie aber Deterministen und zutiefst davon überzeugt, daß die Strukturen alles bestimmen. Am liebsten betreiben sie deshalb Strukturreformen und finden nichts so widerlich wie Strukturkonservativismus. Alles wird schlagartig besser, wenn die Strukturen einer Institution liquidiert werden und sich die haltlos gewordenen Individuen endlich so flexibel verhalten, wie die Ideologie der Reform es ihnen vorschreibt. Daß der Sinn von Institutionen gerade darin liegt, verläßliche Rahmenbedingungen für unterschiedliche Handlungsweisen anzubieten, will der Reformer nicht akzeptieren. Er hält Organisationen für leistungsfähiger, die permanent gezwungen werden, ihre Strukturen zu revidieren, anstatt daß die Menschen Strukturen nützen, um Leistungen zu erbringen. Fast scheint es, als schnitte sich der Reformgeist mit solchen kontraproduktiven Dauerreformen ins eigene Fleisch. Aber der Schein trügt.

Nehmen wir als Beispiel die für den Bildungssektor nicht unmaßgebliche Rechtschreibreform. Dieses nach allen Parametern der Vernunft völlig unnötige Unterfangen kann als wunderbares Beispiel für die Paradoxien der Reformideologie gelten. Ursprünglich wurde die Rechtschreibreform von linken Germanisten erfunden, die sozial benachteiligten Schülern und Immigranten den Zugang zur Orthographie der deutschen Sprache erleichtern wollten, um deren Aufstiegs- und Integrationschancen zu erhöhen. Unter dieser Perspektive gehörte die Rechtschreibreform noch zu dem prekären Programm einer Bildungspolitik, die Chancengleichheit durch Senkung der Anforderungen erreichen wollte.

Abgesehen davon, daß die ideologische Fixierung auf die Orthographie als Bildungsschranke in Zeiten elektronischer Korrekturprogramme von Anfang an ziemlich überflüssig war, haben sich dann bald alle Kräfte der Erneuerung – allen voran die Kultus- und Bildungsminister, dann natürlich die

Wörterbuch- und Schulbuchverlage – zu einer Zeit auf diese Reform eingeschworen, als es undenkbar wurde, eine Reform zu sabotieren. Wo ständig der Mut zu Reformen als politische Maxime propagiert wird, wäre es geradezu feig erschienen, sich dieser Reform zu verweigern. Konservative Politiker, denen diese Reform ein Greuel hätte sein müssen, tappten deshalb genauso in diese Reformfalle wie Sozialdemokraten, die nicht davon ablassen wollten, in Zeiten gekürzter Sozialbudgets wenigstens im Symbolhaushalt etwas für die Schwachen zu tun. Tatsächlich erhöhte die Rechtschreibreform niemandes Aufstiegschancen, sie brachte keine Verbesserungen, dafür jede Menge sprachlicher Unsinnigkeiten, den Verlust von Präzision im Ausdruck, die Einebnung von sprachlichen Nuancen, allgemeine Verwirrung und ein häßliches Schriftbild, das ein weiteres Merkmal des Reformgeistes indiziert: Es mangelt ihm jeder ästhetische Sinn.

Daß nun nach wenigen Jahren diese Reform reformiert werden mußte, entspricht der Logik der permanenten Reform. Resultat ist eine Zunahme der Beliebigkeit, und nur wer den Sinn einer Orthographie nicht verstanden hat, kann sich darüber freuen, daß nun jeder schreiben kann, wie er will, und daß das Schriftbild eines durchschnittlichen Werbetextes ungefähr denselben Anblick bietet wie eine Flugschrift zur Zeit des Dreißigjährigen Krieges. Aber, und das ist entscheidend: Man war modern, man war reformfreudig und vor allem, man hat daran verdient.

Die Gewinner dieser Reform sind die Wörterbuch- und Schulbuchverlage, die Sprachratgeber und die Vertreiber von Konvertierungssoftware. Da niemand im Chaos leben kann, werden Institutionen, die durch Reformen chaotisiert werden, in der Regel von privaten Ordnungskräften wieder stabilisiert. Das ist im Bereich von Bildung und Kultur nicht anders als bei der öffentlichen Sicherheit. Für die einen bedeutet dies zusätzliche Kosten, für die anderen unerwartete Gewinne. Auch die Rechtschreibreform erweist sich unter dieser Perspektive als ein Moment jener Entwicklung, die hinter dem Reformwillen steht: die Privatisierung der öffentlichen Angelegenheiten.

Der Reformfanatiker will die permanente Reform. Das hält die Menschen auf Trab und hindert sie daran, das zu tun, was der Reformer angeblich von ihnen erwartet. Vor allem ist die Einbindung in einen Reformprozeß die beste Möglichkeit, um jedes Denken lahmzulegen. Die Universitätsreformen sind dafür ein blendendes Beispiel. Wer das Glück hatte, die letzten 15 Jahre an einer österreichischen Universität tätig zu sein, war 15 Jahre davon mit der Universitätsreform beschäftigt. Vorerst hielt das Universitätsorganisationsgesetz (UOG) 93 – eine sogenannte »Jahrhundertreform« – alle in Atem, der vieldiskutierte Entwurf, dann das Gesetz, dann dessen aufreibende Implementierung, und nachdem die Universitäten endlich, wie man sagte, in das neue Gesetz »gekippt« waren – die Universität Wien im Jahre 2000 –, mußte es nach sage und schreibe zwei Jahren Laufzeit vom Universitätsgesetz 2002 (UG 02) abgelöst werden, ohne daß irgend jemand überprüft hätte, was an dem ohnehin gerade erst installierten Gesetz nicht funktionierte und deshalb verbessert werden müßte. Wohl sprechen alle ständig von Evaluation, aber wenn es opportun erscheint, kann man darauf offenbar verzichten.

In Zeiten der permanenten Reform überdauern Jahrhundertgesetze gerade einmal einen Winter. Daß es eine ungeheure Verschwendung von materiellen und mentalen Ressourcen bedeutet, sieben Jahre lang die Reform einer Großinstitution vorzubereiten und durchzusetzen, die dann zwei Jahre in Kraft ist, verstehen ausgerechnet diejenigen nicht, die ansonsten mit dem Effizienzkriterium und dem Sparsamkeitsprinzip schnell bei der Hand sind.

Eine Reform um der Reform willen braucht jedoch keine Gründe. Also werden Wissenschaftler dafür bezahlt, permanent eine Institution zu reformieren, anstatt ihre Energie in Lehre und Forschung zu stecken; gleichzeitig wird ihnen vorgehalten, zuwenig Energie in Lehre und Forschung zu investieren, weshalb die Universität dringend reformiert werden muß und so weiter. Die nächsten Schritte sind absehbar. Die an vielen österreichischen Universitäten erst im Jahre 2002 in Kraft getretenen »neuen Studienpläne« müssen sofort wieder reformiert werden, denn nun setzt alles auf die von bildungsfernen Bildungsministern ausgehandelte europäische Studienarchitektur. Ohne Not und ohne irgendeinen sachlichen Grund werden Studienrichtungen von heute auf morgen auf ein unausgegorenes Bakkalaureat und eine vordergründig international vergleichbare, hintergründig oft unsinnige Dreigliedrigkeit umgestellt, was im dadurch entstehenden Wirrwarr ein sinnvolles Studium für Jahre unmöglich machen wird. Und schon hört man, daß zumindest für manche Studienrichtungen eine Reform dieser Reform denkbar ist: Das vierjährige Bakkalaureat wird ins Spiel gebracht, die Studienpläne müssen wieder umgeschrieben werden.

Nur ein sehr reiches oder ein sehr dummes Land kann es sich leisten, für jede Studentengeneration eine neue Studienarchitektur zu erfinden. Was soll's? Das Chaos wird neue Reformen gebären. Und sie sind schon da. Die Universität Wien verkündet die Reform des gesamten Lehrbetriebs unter dem kernigen Markennamen »Lehre XXI«. Zu erwarten ist, daß auch diese Reform vor ihrer Durchsetzung zum Reformfall erklärt werden wird. Man wundert sich angesichts der immer hochtrabenderen Begriffe, mit denen Reformvorhaben in der Regel angepriesen werden, in diesem Fall allerdings über die Bescheidenheit der Universitätsleitung: Lehre 3000 hätte doch viel besser geklungen. Die Reformideologie, so könnte man sagen, stellt Leo Trotzkis Phantasma der permanenten Revolution als neoliberale Karikatur dar.

Das Reformtempo muß im Detail zu Skurrilitäten führen, denen ein kafkaesker Charme nicht abgesprochen werden kann. Der Autor dieser Zeilen ist zum Beispiel als Studienprogrammleiter an der neugegründeten Fakultät für Philosophie und Bildungswissenschaft der Universität Wien unter anderem für die Studienabschlüsse in Philosophie zuständig. Die dafür verantwortlichen Fakultäten und Organe haben sich in wenigen Jahren derart oft geändert, daß für ein und dieselbe Sache – den Abschluß eines Studiums der Philosophie – der Verfasser die diversen Abschlußbescheinigungen mit folgenden Funktionsbezeichnungen zu unterfertigen hat, je nachdem, wann ein Student sein Studium begonnen hat: Präses, Vorsitzender der Studienkommission, Studiendekan, Vizestudiendekanin, Studienprogrammleiter. Im Klartext bedeutet dies, daß während einer Studentengeneration fünfmal die Verfahren, Organe und Formulare eines Studienabschlusses geändert worden sind. Neue Strukturen werden in einem Tempo geschaffen, die es niemandem mehr erlauben, ein Studium unter den Bedingungen abzuschließen, unter denen es begonnen wurde. Schamlos wird dieser Unsinn unter dem Etikett *Change Management* noch als Fortschritt verbucht.

Was immer mißlingt, ist deshalb nur Anlaß für eine neue Reform. Man kann behaupten, daß eine gelungene Reform für die Idee der Reform einen Selbstwiderspruch darstellt. Denn dann gäbe es nichts mehr zu reformieren – und das kann nicht sein. Nehmen wir die Schulreform. Vor wenigen Jahren noch hieß das Zauberwort auch hier – Autonomie. Jede Schule bildet sich ihr autonomes Profil und stellt sich mit auf einer *Leadership Academy* zu Managern getrimmten Schulleitern dem Wettbewerb um die Herzen der Schüler, die Spenden der Eltern und die Werbetafeln der Sponsoren. In Wirklichkeit diente die Autonomie dazu, die Auswirkungen und die Administration von verordneten Stundenkürzungen und Einsparungen den Schulen zu überantworten. Wer darauf aufmerksam machte, daß unter solchen Bedingungen verbindliche Unterrichtsziele, auf die etwa Universitäten oder Arbeitgeber vertrauen könnten, auf der Strecke bleiben würden, mußte sich als Feind des Wettbewerbs und Reformbremser denunzieren lassen. Dann kam PISA und mit PISA der große Schock. Und nun war klar, daß nichts wichtiger war, als den ach so autonomen Schulen jene allgemeinverbindlichen Leistungsstandards mit viel Aufwand wieder zu diktieren, die man vorher mit großem Reformgeschrei demontiert hatte.

Wie immer war dieser Prozeß kein Leerlauf. Denn die Profiteure warten schon: die Akkreditierungsunternehmen, Testagenturen und Beratungsfirmen, die in naher Zukunft europaweit Schulen und Universitäten um gutes Geld testen, evaluieren, beraten und jene Zertifikate vergeben werden, die vor Jahren, als es noch verbindliche Lehr- und Studienpläne gab, mit jedem Zeugnis ohne großen Aufwand gegeben waren. Und natürlich wird angesichts der neuen Unübersichtlichkeit der Ruf nach privaten Eliteschulen, die das halten, was man sich von Schule einmal versprochen hat, immer lauter. Auf die Idee, in den Schulreformen der vergangenen Jahre eine Ursache für die Misere der Gegenwart zu sehen, kommt mittlerweile niemand mehr.

Reformen verlaufen deshalb nie im Sand, sondern sind dann am erfolgreichsten, wenn sie das vielbeklagte Chaos erreicht haben. Denn ein hauptsächlicher Sinn aller Reformen besteht darin, bestehende Rechtsverhältnisse aufzulösen, altmodische Verträge durch moderne »Vereinbarungen« zu ersetzen, aus öffentlichen Institutionen, wie gut auch immer sie funktioniert haben mögen, eine Spielwiese für Interessengruppen, Agenturen, Klüngel und Investoren zu schaffen. Hinter der Rhetorik der Reformen zeichnet sich mitunter ein eindeutiger Sinn derselben ab: Aus öffentlichem Eigentum soll Privateigentum, aus öffentlichen Angelegenheiten sollen Privatangelegenheiten werden. Die res publica hält der Reformer dann am besten gewahrt, wenn sie zu einer res privata geworden ist. Ohne es immer so klar wie Bernard Mandeville in seiner *Bienenfabel* zu formulieren, ist der reformfreudige Zeitgeist davon überzeugt, daß die Verfolgung privater Laster durch die unsichtbare Hand des gnädigen Marktes stets in öffentliche Tugenden mündet. Nicht immer, aber manchmal unterschätzt diese Reformfreude dann das Laster, und gerne überschätzt es die Selbstheilungskraft des Marktes.

Was am Bildungsbereich exemplarisch sichtbar wurde, läßt sich als Tendenz generell beschreiben: Politik, die dem Markt die Regeln vorgeben sollte, wird selbst zu einem Spielfeld für Lobbys, die parlamentarische Kontrolle wird zurückgedrängt, die Verantwortung demokratisch legitimierter Institutionen auf »unabhängige« Räte und Gremien ausgelagert; anstelle eines öffentlichen Diskurses treten die Ranglisten von Bewertungsagenturen, und während manche noch von der Zivilgesellschaft träumen, wird Demokratie auf ein Voting-Spektakel reduziert, das sich medial nahtlos in die diversen Votings der Casting-Shows einfügt.

Nicht nur im Bildungsbereich werden heute Reformen mit großer geschichtsphilosophischer Geste durchgesetzt. Wo Europa und die Globalisierung winken, kann es sich nach den offiziösen Sprachregelungen nur um eine historische Notwendigkeit handeln. Daß alle diese Reformen, bis hin zur Schließung von ländlichen Grundschulen, mittlerweile mit dem Hinweis auf den globalen Wettbewerb vorangetrieben werden, entbehrt nicht einer gewissen Lächerlichkeit. Aber der Verweis auf den ökonomischen Druck, unter dem alles steht, hat den Vorteil, daß fast niemand es wagt, diese Stehsätze in Frage zu stellen. Wettbewerb und Standortsicherung stechen immer. Ohne es zu wissen, steht diese Apotheose des Marktes fest auf dem Boden der Marx-schen Kapitalismustheorie, denn sie geht davon aus, daß die Ökonomie alle anderen Lebensbereiche dominiert, alles nach den ehernen Gesetzmäßigkeiten des Marktes abläuft und letztlich nur diejenigen eine Chance haben, die ohne viel zu fragen dem Geist der Zeit und der Gunst der Stunde folgen. Wohl gehören Autonomie und Liberalisierung zu den Schlagworten auch der Bildungsreformer, aber damit sind offenbar nicht Selbstbestimmung und Freiheit gemeint, sondern ein immer enger werdendes Netz von Kontrollen und ein zunehmender Mangel an Optionen.

Nicht zuletzt am Bildungsbereich läßt sich ablesen, daß wir uns anstelle einer Wissensgesellschaft rasant auf eine Kontrollgesellschaft zubewegen. Fast alles, was gegenwär-tig unter dem Begriff »Autonomie« verhandelt wird, ge-horcht dem Imperativ einer solchen sozialen Formation: Herrschaft durch Selbststeuerung. Niemandem wird etwas befohlen; alles, was geschieht, geschieht freiwillig. Aber die Zeiten, die Vorgaben und der Wettbewerb verlangen eben ein dichtes Netz von Kontrollen, Evaluationen, Überprü-fungen, Anpassungen an Zielvorgaben, Leistungsvereinba-rungen und Steuerungsmechanismen, was die Freiheit der Wissenschaft nicht einmal mehr als eine Absichtserklärung erscheinen läßt. Es ist einigermaßen absurd, daß zu den gän-gigsten Redewendungen eines Zeitgeistes, der sich einem liberalen Weltbild verpflichtet fühlt, der Satz gehört: Es gibt keine Wahl. Im Namen der Freiheit wird die Unmöglichkeit der Freiheit verkündet. Die Phrase, daß die Globalisierung, Menschenwerk wie nur irgendeines, einem Naturereignis gleichkomme, das man vielleicht ausnützen, dem man aber nicht entgehen kann, ist, ernst gemeint, Ausdruck einer Unbildung, die fast schon wieder die klassische Gestalt der Dummheit annimmt.

Möglich, daß die Priester der Wissensgesellschaft an diesen Unsinn selbst gar nicht glauben, sondern solche Ideologeme zynisch verbreiten, um die Geschäfte ihrer Herren zu stützen. Verblüffend ist dennoch die Demut, mit der solche Propaganda allerorten hingenommen und affirmiert wird. Auch dort, wo jenes intellektuelle Potential vermutet werden kann, das sich wenigstens einen distanzierten Blick auf die Verhältnisse gestatten könnte, triumphieren die Anpassung, der Gestus des Mitmachens, die dumme Angst, man könnte etwas versäumen oder zu spät kommen.

So, wie in den späten sechziger Jahren des vorigen Jahrhunderts die zur Ideologie gewordene Lust an der Kritik dominierte, läßt sich heute geradezu von einer nicht weniger ideologischen Lust an der Affirmation sprechen. Man spürt förmlich die ekstatischen Zuckungen eines einst kritischen Geistes, wenn dieser nun den Markt, die Eliten und den globalen Wettbewerb begeistert feiert. Man kann dies auch verstehen. Nach Jahrzehnten, in denen zumindest die rhetorisch proklamierte Distanz zum Betrieb eine intellektuelle Maxime war, darf man endlich wieder das tun, was lange als der eigentliche Fall des Intellektuellen galt: mitmachen. Das, was Bildung seit jeher von Unbildung schied, die Fähigkeit zu einer reflexiven Distanz, gilt heute schlicht als Kulturpessimismus. Damit ist alles gesagt. Unbildung ist die authentische Ausdrucksform der Wissensgesellschaft, sie nistet mittlerweile in deren Zentren, sie frißt am Geist überhaupt.

Wie auch immer der große historische Horizont beschaffen sein mag – gerade das demonstrative Beschwören von Sachzwängen und Reformnotwendigkeiten, gerade die Monotonie, mit der die Botschaft verkündet wird, daß es keine Alternativen gebe, gerade die Hast und Geschwindigkeit, mit der die Phrasen der neuen Marktreligion auf die Menschen einprasseln, zeugen davon, daß auch anderes möglich wäre. Der Glaube an die Unausweichlichkeiten unserer Zeit gehört womöglich zu jenen Illusionen, die notwendig sind, damit das Unausweichliche erst wirklich unausweichlich wird.

Bildung hatte einst mit dem Anspruch zu tun, die vermeintlichen Gewißheiten einer Zeit ihres illusionären Charakters zu überführen. Eine Gesellschaft, die im Namen vermeintlicher Effizienz und geblendet von der Vorstellung, alles der Kontrolle des ökonomischen Blicks unterwerfen zu können, die Freiheit des Denkens beschneidet und sich damit die Möglichkeit nimmt, Illusionen als solche zu erkennen, hat sich der Unbildung verschrieben, wieviel an Wissen sich in ihren Speichern auch angesammelt haben mag.

Ein vollkommen selbstloses Geschenk

Im September 2004 musste sich Slavenka Drakulić einer Nierentransplantation unterziehen. Das Besondere daran: Die Niere stammte nicht von einem verstorbenen oder verwandten, sondern von einem freiwilligen, anonymen Spender, der noch lebt. Warum riskieren Menschen ihre Gesundheit? Ist es purer Altruismus? Wie gehen Spender und Empfänger damit um? Im Gespräch mit Spendern zeichnet die Autorin ein Bild von Menschen, die ein humanes Gewissen besitzen und sich zu einer Organspende entschließen. Ein persönliches und faktenreiches Buch, das aufrüttelt und nachdenklich macht.

Aus dem Englischen von Hainer Kober
224 Seiten. Gebunden
www.zsolnay.at